BuddhAll

BuddhAll.

All is Buddha.

BuddhAll

密乘寶海 12

月輪觀・阿字觀

密教觀想法的重要基礎

洪啟嵩 著

「月輪觀」與「阿字觀」是密法最重要的根本修法，是證入密教三摩地的關鍵鑰匙。
「月輪觀」含攝種種的珍寶三摩地，出生一切圓滿的境界，同時諸佛本尊都用月輪作為光背，來顯示自身證得「月輪觀」成就的標幟。
密教將「阿」字稱為萬法的本源，將宇宙萬象都歸於「阿」字之中；且所有的密教觀行，廣言之都是「阿字觀」的廣略修法。
「月輪觀」與「阿字觀」是極為簡易、根本卻又最深密的即身成佛法門。

出版緣起

密法是實踐究竟實相，圓滿無上菩提，讓修行者疾證佛果的法門。

密法從諸佛自心本具的法界體性中流出，出現了莊嚴祕密的本誓妙法，以清淨的現觀，展現出無盡圓妙的法界眾相。

因此，密法的修持是從法界萬象中，體悟其絕對的象徵內義，並從這些外相的表徵、標幟中，現起如同法界實相的現觀。再依據如實的現觀清淨自心，了悟自心即是如來的祕密莊嚴。

從自心清淨莊嚴中，祕密受用諸佛三密加持，如實體悟自身的身、語、意與諸佛不二。依此不二的密意實相，自心圓具法界體性，而疾證佛果，現起諸佛的廣大妙用。

「若人求佛慧，通達菩提心；

父母所生身，速證大覺位。」

這是《金剛頂瑜伽中發阿耨多羅三藐三菩提心論》中所說的話，也是真言密教行者，修證所依止的根本方向。我們由這首偈頌，當能體會密教法中〈即身成佛〉的妙諦。由此也可了知，密法一切修證成就的核心，即是無上菩提心。

密法觀照法界的體性與緣起的實相，並將法界的實相，與自己的身心眾相，完全融攝為一，並落實於現前的生活當中。這種微妙的生活瑜伽，讓我們的生活與修證不相遠離，能以父母所生的現前身心，速證無上大覺的佛果。

一切佛法的核心，都是在彰顯法界的實相，而密法更以諸佛如來果位修證的實相，直接加持眾生的身、口、意，使眾生現證身、口、意三密成就，而直趨如來的果位，實在是不可思議的密意方便。而這也是諸佛菩薩等無數本尊，為眾生所開啟的大悲迅疾法門。

「密乘寶海系列」總攝密法中諸多重要法門，包含了密法中根本的修法、諸尊行法，以及成就佛身的中脈、拙火、氣脈明點及各種修行次第的修法。

其中的修法皆總攝為偈頌法本，再詳加解說教授。希望有緣者能依此深入密法大海，證得圓滿的悉地成就！

月輪觀・阿字觀——序

「月輪觀」是密教禪觀的基礎，也是現起密教三摩地的極重要根源，沒有這觀法，就沒有密教三摩地。因為密教禪觀必須是以無上菩提心為基礎，而月輪觀正是密教禪觀中，起現金剛菩提心的重要基礎。

事實上，如果沒有無上菩提心，根本就不可能證入密教三摩地。而沒有無上菩提心的密教觀法，不只不應該稱為密教禪觀，其實跟世間的道術幻觀，也並沒有太大的差別。

「月輪觀」在中國最早是在唐代時，由印度的善無畏三藏所傳入，又稱為淨菩提心觀。而所謂月輪即是圓滿的清淨之月。因此，月輪觀是指行者觀想自心如同圓滿清淨的月輪，圓明無垢光明周遍法界，以得證本心清淨圓滿體性的觀法。

而我們的本心本來清淨如月輪，但是由於客塵煩惱的障翳，所以我們不能體悟如同淨月般的無上菩提心。所以，我們以月輪觀法，念念觀照，能使我們的智慧顯現，得以體悟菩提心。

另外在《菩提心論》中也提及體悟眾生本具普賢大菩提心，是本有的金剛薩埵，卻被貪、瞋、癡等三毒煩惱所纏縛。現在因為諸佛大悲，所以用善巧的智慧，為我們開示這甚深的祕密瑜伽——月輪觀。因此，由於修習月輪觀法，我們能照見本心，湛然清淨，如同滿月的光明遍照虛空無所分別。而這就是覺了開悟，也名為淨法界，也名為實相般若波羅蜜海。同時，月輪觀也能含攝種種的珍寶三摩地，出生一切圓滿的境界。

由以上的觀察，我們可以了知月輪觀的本質、修法與作用，應當能體悟月輪觀的重要性。也因此，心月輪所顯示的清淨菩提心，不只是重要的修法，同時諸佛本尊也都用月輪作為光背，來顯示自身證得月輪觀成就的標幟。

而「阿字觀」則是印度純密時期，密教最基本，也是最重要、最具代表性的觀想法門。

這個法門傳入中國後，再由中國傳至日本，成為日本最重要的法門。歷代以來，阿字觀的修法次第口訣與註疏，不下一百多種，可見此法傳弘之盛了。

阿字觀是觀想印度悉曇字𑖀（a、阿）字的修行方法，又稱為阿字月輪觀、淨菩提心觀或一體速疾力三昧。

「阿字觀」就是觀想阿字的修法，以證得諸法本不生的道理，開顯自心佛性的菩提心觀。

因此，如果修行人能純熟的修習阿字觀，就能成就無量的福智，使本具的無上菩提心蓮自然開放，證得大日如來法身的果德，是即身成佛、頓證無上菩提的捷徑。

就此而言，所有密教的觀行，廣而言之，都是阿字觀的廣略修法，所以任何一個手印、任何一個持明真言，都不離於阿字。由此可知，「阿字觀」

實在是密教中最重要的祕觀修法。

另外，密教菩提心觀的要旨，是於觀想阿字、蓮華與月輪三者。其中阿字是菩提心的種子，也是我們所觀想的本尊，表示行者本有的菩提心；蓮華及月輪則代表三昧耶形。

而事實上，本尊、月輪、蓮華三者的組合，是一切密教本尊觀想中的根本要素。在一切密法的觀行中，基本上都以這三者構成。

因此，如果能純熟的修習阿字觀的法門及其內義，自然能使我們在學習一切密法時，速得成就。但是在修法時，要了知這些觀想的內在根本意義，而不是注重外相而已。

月輪觀與阿字觀雖然在修法上看來，十分的簡易，但在實際上，意趣卻十分的深遠，是大日如來自內證的無上境界。當我們徹底實踐時，自然能夠圓滿成就。

為了使一切學人，能體悟到這極簡易而又最深祕的無上法門。因此，筆者不揣淺漏將月輪觀、阿字觀法的修行心得，與大眾分享。當然，就實相而言，法界全體是阿字，亦是本不生滅，與大日如來體性無二，根本也沒有能作與所作的差別。這完全是體性法身的自在流行而已。

因此，願大家如同月輪般圓滿無礙，以阿字顯示阿字的實相之理，讓一切阿字入於阿字的實相，讓法界全部圓滿為阿字，一切大眾同證大日如來的果德。而這也是——大日如來的體性本然吧！

洪啟嵩

目錄

第二篇 月輪觀・阿字觀修證 065

前言

佛法的修行是生命的自覺之道，佛陀是一位偉大的成就者，但是佛陀是成就者這件事，其實與我們並無太大的關係；與我們有關係的是我們是否知道佛陀真正的成就，並且以他實際修證的道路為依歸，而依止他來學習。

修行是講求真修實證的，我們必須親切的體會佛陀的成佛之道，依止他的殊勝修行而了悟實相。

我們是個不圓滿的人，生命常常會陷於困頓之中，所以我們要常常自我反省、懺悔，並且繼續努力修行，而不是一味貪求速成。

修行是一條很實際的道路，每天要認真地修持，必然功不唐捐。但是更重要的是，修行是要落實於生活中的，修行不是與生活切成兩半，所以我們每天必須要好好的生活，否則修證是無法落實的。

倘若我們的修行與生活不相應，那這修行一定不夠踏實，會產生一些問題；沒有一位高明的修行者的生活是亂七八糟的，修得貪瞋癡心都比別人還重，說這是好的修行，這真是天方夜譚。

修行進步的現象，是今天的我是否比昨天更好，明天的我是否比今天更好；表現在人際關係上，與人的相處更好，更平易近人，而不是變成令人畏懼、害怕的怪物。

在現今的社會，因為貪心所造成的愚癡，一定比天生愚笨不聰明而愚癡的人來得多。有些人總是貪著境界，不肯放棄執著，平時也不精進修行，當遭遇逆境不順遂，想到的辦法只是祈求佛菩薩的加持，期望在加持中能一切順利，這不過幻想罷了！

有的人則是由於瞋心而造成愚癡。曾經在報紙上看到一則報導，有一對夫婦慶祝結婚週年，結果卻因為喝酒亂性，妻子把丈夫殺死了，這就是由於控制不了瞋心而鑄成大錯。所以瞋心也會造成愚癡之行。

看了這些社會現象，心中常有多分的難過，但是反觀這些現象到底誰應該負責呢？或許我們認為這些都不是自己的責任；但也或許有人會深入地思惟，而認為這些事情就是我們自己的責任。

如果我們自認是個修行人，到底我們修得好不好呢？我們的修行能夠影響多少人呢？當別人痛苦之時，我們是否能即時伸出援手呢？或是站在一旁袖手旁觀，認為這是他個人的事情呢？

當別人產生愚癡之心時，我們是否去勸解他呢？就我的例子而言，我認為自己實在做得不夠圓滿。因為當我勸誡別人時，別人不一定會聽；或是聽了卻聽不明白；或是了解了卻不一定會去實行；去實行了也不一定成功。所以個人感覺很慚愧，但是當我感覺慚愧之時，還是要努力地繼續去做一些事，而不會因為害怕失敗而什麼事都不做了！

所以，無論碰到挫折或逆境，當我們還有一口氣在，就要為這人間、為自己多做一些事情。我們要以精進心、慚愧心、懺悔心來面對這個世間，努

第一篇

月輪觀與阿字觀的祕意

第一章 月輪觀的祕意

在佛法中，心月輪代表法性、本淨，也代表寂滅、淨菩提心，所以在密法的流傳中，月輪變成很重要的象徵。

在佛法的流傳當中，小乘佛法是以解脫為重心的，所以在修行時著重於現實身心實相的觀照，所以像身、受、心、法的四念處禪觀，就是極為重要的法門。也因此對於我們現前五蘊（色、受、想、行、識）、六根（眼、耳、鼻、舌、身、意）、六識（眼識、耳識、鼻識、舌識、身識、意識）、六塵（色、聲、香、味、觸、法）等所生起的煩惱，大多以直接對治的方法，而成證解脫。

雖然在小乘禪法中也運用了一些表徵性的方便禪觀，但這些比較抽象的象徵方便法門，並沒有為修行大眾所普遍流行使用，因為小乘行人比較注重個人煩惱的直接對治，以達到解脫。

小乘的法門也因此看來都較為具體而實際，像四聖諦——苦、集、滅、道就是十分明顯的代表，直接從現實身心的感受，而提出了對治的方法。其中的「苦」，眾生皆苦是觀照生命後的實體。而苦的產生一定有原因這就是集，苦的聚集。我們只要消滅苦集，苦的生起原因，我們就解脫了，這是苦滅。而消滅苦的方法則是道——苦滅之道。佛陀在世間把苦、集、滅、道的「四聖諦」教法發揚光大而證道，就是依據八正道，而證悟了實相。

煩惱生起的根本，其實就在於我們現實的身心——五蘊，並不在別處。而煩惱在世間中所展現的形相，有所謂的三苦或八苦。為了斷除這些痛苦，我們在尋求這些苦的原由時，從現前的生死眾相回溯至生命輪迴初始的無明，如此逆觀生命迴轉的明照，我們了知：最後無明斷除便能得致解脫的境界，這是滅除煩惱的緣起觀法。

至於其他對治的方法，例如瞋心起時，修慈心觀對治；貪心起時，修習不淨觀；散亂心或疑心生起時，修習數息觀；愚痴心重的，則可以修習因緣觀；而慢心重的，則修習念佛法門，以了知眾因眾緣的合成，降伏掉我們的慢心。這些法門都是針對我們生命中的煩惱、缺陷，加以對治改正的法門。

而大乘佛法，由於教法因緣，已從個人的自我解脫，更擴展於救度一切眾生。因此禪觀法門就變得更廣大，而善巧方便也更多了。

基本上，大乘禪法已不只從自己的實際煩惱尋求解脫而已，它更參與了圓滿眾生成佛與整個法界的妙因妙緣成就。所以它不只是預防、斷除自身煩惱而已，更是運用無上的菩提心，把法界創造成無限光明的淨土世界。

所以大乘佛法的力用更為廣大，而著重點不只是要使自我現實的身心得到解脫，更要觀照自己心念的初始動機，也就是以大悲心、菩提心來攝取一切法門、禪觀。它的智慧也不只是要自我體證涅槃，更是要了知一切現前的法界眾相，來圓滿法界，使眾生成就無上的菩提，而這也是道種智、一切種智的圓滿。

雖然大小乘的行者所面對的是同樣的世界，但是在動機上、起心動念的因緣上有所差別。大乘佛法是以大悲心、無上菩提心來統攝法門與禪觀的，以致於在果德中的現起也就不一樣了。這是基於不共的大悲菩提心所得致的妙果，而這樣的發心也就使大乘禪法產生了種種不可思議的方便威力，能更有力的救度眾生。

而對於事情的看法，大乘佛法也能更深入於究竟的理趣，不會只落於單純的事相解脫而已。所以，大乘法門在最後能夠「理」、「事」交融，一切無礙，而且能在一切緣起的事物中創造方便，銷融一切障礙惡業，甚至積極的以事事無礙的圓融，具足廣大方便，救度一切眾生。並且從緣起眾事上的無礙，創造出如幻的世界。而淨土的微妙、菩薩的莊嚴行也就如此的現起，因此在理趣上的演化，也就更自在寬廣了。

大悲是有力的，當大悲心和無量的世間眾相相應時，在禪法修持中就會演生種種殊勝的三昧境界，而現起了無量無邊的三昧法門。所以這時就能以種種的義理來表達、比喻，在三昧中所證得的法性、佛性，而心月就是其中的一種，代表著法性、本來清淨、究竟寂滅的菩提心。

而這種表義在密教中又有所翻轉。像心月除了表示出無相的菩提心外，更從純粹理趣的無相菩提心，顯現為世間具相的菩提心，這是有相菩提心的建立。所以本來是表義的心月，在密教中就被大量使用，並且真正現起有相月輪的觀法。這樣的心月輪觀法，就是從代表義理無相的空性，而作為有相瑜伽的轉換。

就密教的觀點而言，大乘佛法雖然在理上廣大圓滿，但如何才能有力而積極的介入有相世間，以完成大乘佛教所要得證的有力果德，是重要的核心。所以密教在這裏就直接從義理而成具相上來直接表達，以成就「即事即理」的勝果。因此，除了心月輪外，像用金剛杵代表方便，用金剛鈴代表般若智慧，用屍骨代表不畏生死及法身等等，都是「即事顯理」的徵象。但我們要了解這些表相，都是從根本空性出生，並迴入現空的法性才有意義，而許多密教三摩地也都是這樣匯歸成就的。

月輪代表法性

「月輪觀」的觀法在密法中佔有很重要的地位，但在後期的密教中卻常把它忽略了。月輪觀與阿字觀這兩個觀法，是一切密教三摩地的根本；沒有此二種觀法，就沒有密教三摩地。如果說其他的法門都修得很好，卻把此二法忽略，就好像沒有地基的大樓一般，可見此二法的重要性。

在「月輪觀」的修持中，「月輪」即是本尊，首先我們先來了解所謂「本尊」的意義。

「本尊」並不特定是指一個佛或菩薩，月輪也可以是本尊、一個曼陀羅、種子字都可以當成本尊來修持。所以我們修法中所觀想修持的對象，即是我們的本尊。

在黑暗的虛空中，我們看到一輪無瑕的明月浮現出來，是多麼寂靜而喜樂。在黑夜中，月輪是那麼的清淨，我們可以感覺到它在虛空中所顯現的光明，但它的光明沒有侵略性，似乎與我們自相冥合。

此外，在密法中各種的表徵更有其內義，有時也會同中有別，異中有同。而在修法上，雖然有時內義相同，但由於緣起的不同，也可能有不同的修法。

像月輪和日輪都代表法性，但是日輪遍照是在白日中顯現，所以兩者的觀法仍有不同。而同樣的月輪，毘盧遮那佛代表日光遍照，是遍滿虛空的日光，但像《觀無量壽佛經》中所講的落日觀，卻是在夕陽落日時所修的禪法，兩者也是不同。

心月在黑夜的虛空中，赤裸地顯現，用來代表無染的法性是十分貼切的。月輪在黑夜中現起表示本來清淨的體性，有時雖然被烏雲遮住，但月光的體性仍然不變。當拂去了烏雲，它仍是清淨的，所以用月輪表示本來清淨、本有的法性、法身，十分的恰當。而當一切萬籟寂靜時，代表著眾生的心不再妄動、不再煩惱，同時顯示著清淨的菩提心不斷發生。所以心月輪觀能使眾生從實際的表相上體悟本淨的菩提心，並且依止來修法。心和月原本兩種不同的意義，在這裡融合為一。

另外，我們初觀想心月輪時是從一個點開始，然後慢慢地越來越大，大到最後遍滿法界一切處了，事實上這時的月輪已是無邊無際了，所以也不再有任何的形狀，沒有是圓或方的形狀了。因為如果是圓形或方形，我們再怎麼觀想都還是有個邊際，而月輪到最後已經沒有邊際了，而且每一點都是平等均衡的，這才是真正的沒有邊際，也才是法界法性的自身了。

所以用月輪來代表法性，會感覺特別有力，並且用月輪來作觀想，在緣起上也特別的有效。任何的修法，我們都要注意到它的法性與緣起雙重意義。法性的意義——是一切都是現前的，而緣起的意義——如何使我們如理思惟，才能與法性相融。

而月輪它提供了在法性思惟上很有力的要件，所以我們了解心月輪的意義，以它的觀修方便，使我們透過心月輪直入法性。

如果依照此緣起來修持，到最後我們要了知有無二相義。無相義是：一切月輪雖然現前，但它是如幻的；有相義是：雖然是現空，但在緣起上是一定會顯現如幻的月輪，而且越如幻就越明朗，空愈大也就愈明朗。空愈大則月輪愈大；智慧愈清淨，月輪也就愈清淨；悲心愈大，月輪愈有力。悲心能夠增加月輪的光度，而且使之更為溫潤；而智慧則能增長月輪的清淨度；發心大則能使月輪更為廣大。

月輪觀在人間興起、流行，必定有其有力的因緣。我們可以從一個例子中看出月輪觀為什麼會這麼有力的現起。這和龍樹菩薩是有關係的，龍樹菩薩，各宗派對他都有極大的尊崇。他在說法的時候，常常示現月輪，而聲音也從月輪中現起，這代表他證得法性，而法性是以月輪表示。所以許多後人得到這因緣的激發，當然會特別有力的來弘揚這樣的月輪觀。

「月輪觀」與菩提心有很重要的關係，所以「月輪觀」的依止是來自《金剛頂瑜伽》中〈發阿耨多羅三藐三菩提心論〉，這是由不空三藏所翻譯，此論是密教菩提心論的根本，以下引用其中幾句話：「**若人求佛慧，通達菩提心，父母所生身，速證大覺位。**」

我們想要求得佛陀智慧，通達菩提心，以心月輪來現觀菩提心，依我們父母所生的身，來即身成佛，大家心中應生起這樣的祈願及金剛誓願。

第二章 阿字觀的祕意

阿字觀的形成

「阿字觀」又稱為阿字月輪觀、淨菩提心觀、一體速疾力三昧。

在密教中，將一切法界萬法皆匯歸於阿𑖀字中，視阿字為一切事物的本體、根本——本來不生不滅。所以有時「阿字觀」又稱為「阿生觀」。

就阿𑖀字的體性而言是本不生，但是卻能生出法界萬象之理，能夠彰顯我們自性的菩提心，亦能顯示諸法本不生之義。

在密教的觀行中，如供曼達、灌頂乃至一切重要的法門，都可以說是阿字觀的廣略修法，而且一手印、一持明真言也都不離阿字。因此，阿字觀實是修行密教最不可欠缺的基礎祕觀。

而阿字觀是如何形成的呢？其實阿字觀的修法是在不斷地推衍的過程中所完成的。

在《大日經疏》卷七云：「**凡最初開口之音聲皆有阿聲，若離阿聲，則無一切言說，故為眾聲之母。**」

在緣起上，人們初開口講話，或是小孩出生所發出的第一個音聲，皆是「阿」聲；在悉曇文字中，第一個字母也是阿字，而這梵音聲的阿字，也代表著宇宙的原聲。在字義上這代表一般世間的意義。

而在佛法中，初始阿字並沒有攝入其他的意義，但是到了密教的修法，便將這些屬於世間緣起上的有相瑜伽攝入於修法當中，於是「阿字觀」便攝入於密法裡，而且成為很重要的基礎觀法。

阿字為一切字聲的字首，在緣起上是為一切之首，這一切之首在佛法當中即是「本不生」之義；而阿字在世間的緣起上也是一切音聲的母體，遠離阿字則一切音聲不可形成，所以它是無生義卻又顯現出成具一切的功德；另一方面，阿字又是現空義，所以阿字現空故本不生，故為一切之根本。

在《大日經疏》卷七以阿字為「一切法教之本」，《大日經》卷二、卷六也分別讚歎阿字為「真言王」與「一切真言心」，這是代表著當眾生出生時開口即是阿聲的緣起意義，回歸至法性意義之中，這是由緣起祕密與法性祕密兩層祕密所共同現起的義理。

阿字的字義

從阿字的字義來看，阿字含有否定的義理，如《大方等大集經》卷十〈海會菩薩品〉及《文殊師利問經》卷上等，經文中記載阿字有無常義。

又《大般涅槃經》卷八也舉出不破壞、不流等義；《大寶積經》卷六十五則有無作、無邊、無分別、無自性、不可思議等諸義。

《守護國界主陀羅尼經》卷九，又舉出菩提心、法門、無二、法界、法性、自在、法身等阿字七義；同經卷二中更列舉了無來、無去、無行、無住、無本性、無根本、無終、無盡等百義。

其實這些經典所詮釋的阿字義，可以用「無常」來清楚地代表阿字的意義，因為無常是現空。

所以在《大品般若經》卷五中，解釋四十二字門中的阿字時，則以「一切法初不生」來表達，而如此的表達，已經將阿字的內在義理透徹的表明。所以現在一般常以「阿字本不生」來詮釋阿字的妙義。

除了從「阿字本不生」的妙義來了知阿字的祕義之外，事實上阿字也彰顯了毘盧遮那如來的根本體性，亦因為阿字是毘盧遮那佛的自內證，可以視為大日如來法性自身。

正如同在《大日經》中，大日如來宣說：「**我一切本初，號名世所依；說法無等比，本寂無有上。**」所以胎藏界大日如來即是一切本初的境界，亦稱為本初普賢如來。

阿字十義

在覺鑁上人的《一期大要祕密集》中，曾揭示阿字十義，現在列舉說明如下：

㈠平等之義：阿字於一切諸法無高下之差別。因為其體性平等無差別故。心體本來即是平等，無凡聖的差別，一闡提亦具佛性，眾生一如平等。

㈡無分別之義：阿字，為諸法無分別之義。阿字的自體，體性清淨無染垢故，心體本離煩惱，本來清淨，一味純淨。

㈢無生死之義：阿字，為諸法無生死之義。離有分別、無分別故，心體本無分段生死、變易生死的差別，其相寂然常住。

㈣本不生之義：阿字，為諸法本不生之義。因為妄念不生，淨法亦不生，所以心體無為，永不起滅，就如同心海常住一般，不動不搖，也不起波

覺鑁上人的阿字十義

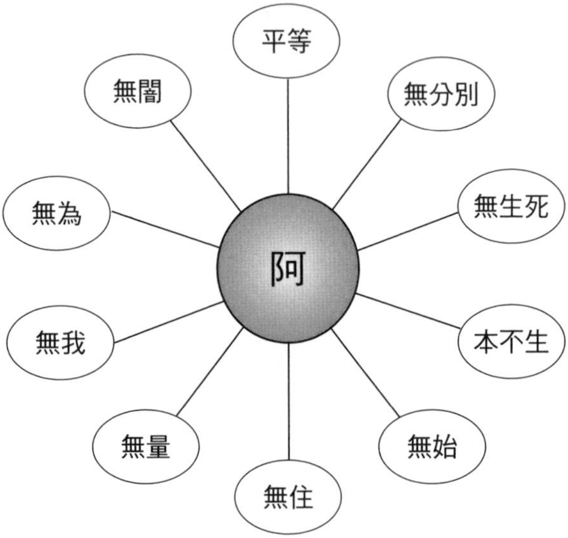

浪。

（五）無始之義：阿字，為諸法無止盡之義。因為本來即存有，無有初起故。因此心體本有，無始無終，能周遍法界，常住一如之際的實相。

（六）無住之義：阿字，為諸法無住處之義。因為既不住生死，亦不住涅槃。所以心體無所住，無染無淨，而周遍法界。

（七）無量之義：阿字，

為諸法無量之義。因為萬法即阿字唯阿字，阿字無量無邊。我心周遍法界，心即一切諸法，因此諸法無量，心亦無量。

(八)無我之義：阿字，為諸法無人我與法我二我之義。人我不生，而法我亦空。我心即是阿字，眾生即是阿字。二者無分別也無我，唯有阿字而已。阿字即是真我。

(九)無為之義：阿字，為諸法無為常住之義。因為一切有為諸法均歸阿字，離阿字無法詮表有為妄法。三毒即是彰顯無為之真。

(十)無闇之義：阿字，為諸法無冥闇之義。因為其體遠離無明，常能了了分明，所以心離無明，是名為大日。於生死長夜之中，能夠永恆的明曉。

前面所介紹的阿字義，特別是表達胎藏界大日如來所宣說的自內證的境界，由於「阿字本不生」是表達大日如來的理法身，所以大日如來亦以此為種子字。

在《大日經疏》卷七云：「**毘盧遮那唯以此一字為真言也**」，亦是說明阿字代表胎藏界的大日如來。這胎藏界大日如來，在東密是顯示本初普賢的境界，在藏密則為第六金剛持，而藏密的寧瑪巴紅教特別示現為普賢王如來。

這其實都是在表達我們眾生本具的佛性，也就是本初普賢或是因地普賢，都是我們本具的自性清淨之心，而以阿字不生來顯示。

而「阿字本不生」是本不壞、無可滅、是現成、是現證、是不可思議、是如如，能出生、能用，而在此則成為菩提心的種子。

在《大乘起信論》中，我們了解「一心能出二門」，一心指眾生心，二門是指心真如門及心生滅門。

而菩提心的種子是開出心真如門的根本，因為「悲者法界之力，智者法界之體」，由於悲智雙運而能出生法界，所以菩提心種子能夠出生諸佛；但是諸佛與眾生其實是平等不二，還是匯歸於「阿字本不生」，然而它卻能如實出生一切。

因此我們持誦阿字時，若能與法性相應，就能因此出生菩提心，而成證菩提果；也就能以胎藏界阿字證入金剛界阿字；即是轉一切本不生的如來藏，成為一切本不生的智慧大法身，匯歸胎藏界的大日如來成為金剛界的大日如來；如此即是子母光明會，卻仍是在阿字當中出生、圓明。

然而阿字本不生為何能出生一切呢？因為它是匯歸於性空，是緣起諸法的法性盡處，所以能出生一切，這是極為不可思議的微妙大義。

而體性上阿字空寂如法界體性，阿字出生如如智，顯現真空妙有的實相，能現前出生一切，並且能引生一切，使這一切與法界之流相應，就如子母光明相應一般，最後終究圓滿佛智。

阿字的音聲

在弘法大師的《聲字實相義》中云：「**五大皆為響，十界具言語，六塵**

悉文字，法身即實相。」地、水、火、風、空五大皆為響聲，十方法界都是現具的言語，所有的色、聲、香、味、觸、法六塵悉皆為文字，而法身即是現前的實相。其中以「法身即實相」最為重要，因為前面的三句緣起義總歸到這一句話中，而這句話在《法華經》則以「是法住法位，世間相常住」來表達，這都是歸通於法界體性智。

那麼五大（地、水、火、風、空）、十法界（地獄界、餓鬼界、畜生界、修羅界、人間界、天界、聲聞界、緣覺界、菩薩界、佛界）、六塵（色、聲、香、味、觸、法），都是現具阿字的文字、語言、音聲，皆與實相相應會通。

所以透過如此的了解，我們可以將之引至阿字來觀察，變成阿字的聲音、阿字的字形與阿字的實相之義。

首先我們要了知阿字真正音聲是來自何處？

阿字是緣起於生命的基本語音。就眾生而言，它是混沌無明之聲，是我們在無明法界初起之時，在聲相上所產生的強力音聲。

但是，若了悟「本不生」之理時，它是以大空明覺的實相，來與初始緣起的混沌相應，而成就法界體性的智慧，是世、出世間的交融，因此能轉為明空的法身相，而不再落入無明之中了。

所以，不瞭解「阿字本不生」時，我們唱誦阿字或唵、阿、吽之音時，與婆羅門教唱嗡字聲一樣，是落入於無明混沌，若我們真實了悟「阿字本不生」的義理時，所有的表相皆成為如來的實相義。

密法最重要的地方，就是把一切緣起上的現象與象徵意義，轉成為法性上殊勝有力的意義；也就是把一切現前存有的現象，體悟其象徵意義，然後以佛法的空性轉成如幻三昧，這時能夠成為有力的作用，並影響轉換世間的存有，而成就出世間的道果。

當我們了悟法性的意義之後，再來唱誦阿字音聲便具有很大的意義。

但是當我們了解法性意義之後，就能了知阿字聲是宇宙所發起的緣起之音，然後以法性、體性覺明來破除無明黑闇，以緣起與法性的理事交融，而在修持上產生大作用力。

我們在修習此法時，當我們的身心愈來愈放鬆且愈來愈空明時，開始會有本然的阿字聲產生，這是我們修持到一定程度的定力之後，由於身心的氣脈的振動所自然發出的阿字聲。

但是如果所發出的音聲是近於阿字聲，卻仍有偏差，這是什麼原因引起的呢？

這是因為中脈仍未開啟，還是在無明混沌的狀態，由於我們尚未覺悟，而使這阿字聲或偏於左，或偏於右，或偏於前，或偏於後，或偏於扭轉，或是偏於纏縛當中，因為它不是性空的緣故。

真正的阿字聲，是由我們的中脈所發出的。當我們的身心完全放空後，所生起的脈即是法界中脈。

此時所念誦的聲音，才是真正的阿字聲，是由空性的中脈中所發起的音聲。而這中脈即是法界的中心點。

為什麼中脈是法界的中心點呢?其實法界是沒有中心點的,因為法界是遍一切處,所以沒有中心點。而在此所謂的法界中心點是緣起義,但是當行者尚未了悟法性遍一切處時,則中脈不會現起;那是因為我們心中有無明執著的緣故。

當我們現證空性,現前自身即是法界的中心,就能自在的現起廣大作用,同時於一切處都是中心點,「能」與「能所」,也就是主體與客體二者平等無二的對應於一切如來與眾生。

從空性中脈所發起的音聲,它是本不生的音聲,但是當我們唱誦出來的卻是有聲,所以在緣起上有作用、有體相,現起能夠法爾不滅的音聲,才是真正不生不滅的妙音。

當行者初修時,發聲念誦阿字音,或是心中默念,如果身心沒有放空的唱誦,心中沒有真實地了悟其祕義,那麼與其他外道的修法就沒有兩樣了。

所以要在身心放空之後，感覺自身一念從法界生起時，在中脈之中，以出聲或不出聲來唱誦，到最後不作意時，自然從中脈現起阿字音，這即是不假循誘純任自然。

這時若脫口唱誦阿聲，即能「長阿一聲入空定」，入於非長非短的性空三昧中，這是阿字音聲的極義。

在這樣的觀察中，阿字與我們的身、口、意三密修持有很密切的關係。我們所發出的聲音是語密，思惟觀察是意密，眼所見的字形、所書寫的種子字即是身密。

事實上，這也是以阿字來觀修我們的身、語、意三業，然後以阿字來表達我們的身、語、意三密。

阿𑖀字是大日如來的種子字，代表著大日如來，其實我們透過與阿字本尊的三密相應，能轉我們自身為本不生的阿字，這也是一種「入我我入」的觀修。

阿字觀的意趣

在密教的修持法門當中，我們不要以為只有現身的本尊形象才是本尊觀的修法，其他的圖像不是本尊觀；其實一個種子字也是一個本尊。

而種子字的觀法在密法中，也是不可欠缺的法門。

像密法中的四種曼荼羅，「法曼荼羅」即是種子字，表修行成就的根本心要；「三昧耶曼荼羅」是以諸尊的手持物等標幟，來表達諸尊的本誓願力；「大曼荼羅」則是諸尊相好具足之身；而「羯磨曼荼羅」則為諸尊所行的事業。這四種曼荼羅都是代表本尊。

一般修習阿字觀，係於行者前四尺處掛一阿字觀本尊圖像，這是對生本尊的觀法。若是修習自生本尊觀，則是直觀自身胸臆間的月、蓮、阿字。

而月、蓮、本尊三者，是密教本尊觀修法中最根本的要素。我們依法修持，再加上了悟阿字的實相之義，待此一觀法純熟之後，則我們自身與阿字是一體不二，可以說是阿字自觀阿字，阿字入於阿字，阿字稱念阿字，阿字聽聞阿字，法界一切悉皆為阿字。成就此境界，即可稱為「阿字瑜伽悉地」。

「阿字觀」與「月輪觀」的修法相當簡單易學，然而意趣甚為深妙，在密法中是極為重要的基礎祕觀，所以行者應當精勤修習此法，速證諸法不生之理，而頓悟圓證菩提，不失為即身成佛的迅捷之路。

第三章 「月輪觀．阿字觀修證」偈頌

若人求佛慧　通達菩提心
父母所生身　速證大覺位

金剛頂瑜伽中發阿耨多羅三藐三菩提心論

一、皈命三寶

南無　大智海毘盧遮那如來
南無　阿字月輪三摩地
南無　法界密行成就賢聖眾

皈命體性法界海　摩訶毘盧遮那佛
五智四身自圓滿　自性受用悲智德
十方廣大極變化　等流現成觀法界
光明心殿四法身　一切本初大圓滿
稽首體性光明法　菩提心王法性中
自性清淨眾生心　離瞋熱惱大清涼
離愚癡闇光明具　月輪三昧赤裸現
阿體無生本明空　圓滿具生具全佛
南無十方密行眾　無比賢聖普賢行
安住毘盧三昧海　廣大行願離初後
吉祥聖者心月淨　明圓阿字身語意
流轉光明三密中　佛境妙行全佛生

二、修學的大菩提眾

法界無邊眾有情　世出世間諸悉地
一切祈願皆成就　是故速入光明海
三毒清淨離諸惱　安住廣大菩提心
身心輕安極清淨　長劫住世持壽命
眾生愛敬極成就　隨順廣大菩提心
一切密行妙根本　六大四曼三密身
五智四身大菩提　廣大金剛道究竟
圓滿無上祕密道　全佛法界遍光明
一切大心菩提眾　當圓月輪阿字觀

三、善發菩提心

普賢廣大菩提心　法爾應住恆不離
一切眾生本薩埵　貪瞋癡惱之所縛
甚深瑜伽當修習　善觀本心湛然淨
如滿月光遍虛空　無所分別自覺了
實相般若淨法界　有情悉含普賢心
大悲發心印法界　體性流出四如來
廣大發心入佛慧　通達金剛菩提心
以此父母所生身　速證全佛大覺位
金剛圓明普賢身　毘盧遮那因道果
如實法界遍光明　法界證成密嚴剎

實相體中離修證　現觀心月阿不生
菩提心、行、義、涅槃　具足方便金剛智
遍照法界何非佛　光明無得覺無上

四、正見

祕密莊嚴心寶藏　瑜伽輪圓金剛場
諸法能生所依止　萬德全歸攝實相
體用廣大性相寂　四曼十界三密相
六大真如常平等　五部、金、胎、四法王
無上瑜伽大圓滿　法界體性同寂圓
無盡全攝相即入　正見一心全佛觀
妙月淨輪離內外　方所無二本真如

胎月九重示法界　金月圓明五佛覺
廣大祕密三摩地　功德全聚勝總持
心月同如如實相　菩提心相淨滿月
心月無二同全佛　月心同寂大涅槃
如實勝觀心月輪　赤裸清淨無可染
阿字不生具萬德　萬物如生真如體
出生無邊祕妙門　如實現悟知自心
正等覺持體無初　身語意息實相印

五、修持月輪觀

(一)月輪淨菩提心觀祕誦

現前普賢心月輪　凝然無初體自生
自顯能觀本覺性　受用赤露現明空
如心大曼法然住　胸臆萬德正覺輪
普賢本初菩提心　如空妙月體性界
能生萬法自性德　不二空明法界體
諸佛祕密心中心　獨一任運本無實
廣大悲智光明會　一切言詮不思議
自性師王金剛坐　身息心如自調樂

以妙方便本覺智　如實金剛五智圓
現前本寂三摩地　眾生清淨心自性
如月飛空無所緣　如魚躍天海印現
朗然淨月大圓鏡　當前對面非高下
量同一肘距四尺　輪圓妙相觀無厭
如赤空露澈明光　非虛非實自生顯
自色自淨月空圓　朗然明淨不思議
祕密莊嚴無等比　或現輕霧存二障
潔白清明內外澈　性自清淨色自淨
清涼寂靜法性觀　光明遍照自精研
法然明湛滿月天　圓明現觀寂然住
無間觀照自良久　開眼閉目極悅然
眼暫捨時心月現　月本淨心菩提月

二尺三尺四尺量
如牟尼珠現空然
具滿一家一市城
現觀次第轉廣大
自力自然遍照觀
現滿三千世界觀
窮盡法界不思議
隨順法爾顯自然
安然體相最吉祥
一切方圓本不生
如意宛轉現本然
隨緣自然出三昧
還同本相初觀月

如實倍增更廣大
一丈二丈滿室中
分明齊顯自安住
輕安寂靜清涼生
本寂歡喜遍法界
究極分明無分別
力重心鈍莫作意
次第廣觀或斂觀
妙然本寂無內外
遍周法界體性觀
久觀心力疲極時
次第收攝漸次圓
漸次明空赤裸點

(二)阿字觀體性頌

無生阿字真言王　體具一切真言心
法性究竟本不生　緣起極祕法界本
體性法界同圓具　現成長阿住本空
圓滿胸臆體性輪　普賢心月圓滿現
無初無住法然體　赤露明空無生滅
無雲晴空滿秋月　胸臆心輪若蓮華
白蓮八瓣正開敷　本心妙華祕標幟
蓮臺實相自然智　華葉大悲勝方便
台上阿𑖀字法然現　阿字月輪密種子
月輪阿字淨明光　阿字月輪同一體

現觀自身成阿字　阿字如實體性心
心境不二緣慮絕　月輪性淨離貪垢
清涼去瞋恚熱惱　光明現照愚癡闇
三毒淨盡離眾苦　生死自在住本然
一肘如量淨月輪　阿字妙義如實觀
法爾一切本不生　或具三義有、空、不生
本初緣起勝妙有　法無自性現前空
空有一如本無生　不生不滅常住阿
現成大日法身體　初心生死輪迴絕
行住坐臥不離阿　頓然法界體性身
或觀五義十妙義　百義眾義無量義
六塵文字十界義　法身實相真妙義
色聲文字無非阿　法然隨緣現實相

無方無圓盡阿字　善會阿體本不生
毘盧遮那法身全　十界六道無差別
現成法界金剛宮　身土不二常寂光
行住坐臥無分別　法爾菩提大法身
廣周法界退藏密　次第廣觀行斂觀
如意自顯自法界　自然解脫大自在
法爾無縛次第收　阿字漸斂還本然
三千大千一世界　如地如城如家室
本相一肘如許大　漸密極微成空點
月密阿字如虹絲　赤裸最密最寂明
惟一明點本法性　法界當體極大空
一體速疾力三昧　普賢因果大法身
現成一肘次第現　平常安住阿字明

圓頓阿字現法身　常寂光中金剛定
阿字義息相大悲　法界全同阿海印
全佛圓頓不離阿　普賢如來不行到
全圓妙果四法身　普賢法界阿不生

六、迴向

月輪三昧阿字觀　無生修學住實相
廣大菩提如安住　如法修證大迴向
無間究竟大菩提　如淨月輪安空住
阿字妙顯無生滅　大日如來全法身
迴向盧毘遮那佛　十方如來恆喜樂
少病少惱眾易度　法界淨剎妙嚴淨

諸佛歡喜賜吉祥　恆願有情皆成佛
法界最淨如現觀　佛子菩提樂無障
究竟菩提全佛圓　圓頓一念阿月明
佛力法界自善力　修證功德普迴向
國土圓淨災障消　人民安樂住佛道
決定圓滿同金剛　六大災障人禍無
吉祥喜樂永無壞　世出世財如雨注
悲智菩提如月明　全佛恆示阿無生
佛佛平等傳承明　心月輪圓阿字觀
如彼無盡虛空星　無生無滅法爾明

第二篇

月輪觀・阿字觀的修證

第一章　皈命三寶

南無　大智海毘盧遮那佛
南無　阿字月輪三摩地
南無　法界密行成就賢聖眾
皈命體性法界海　摩訶毘盧遮那佛
五智四身自圓滿　自性受用悲智德
十方廣大極變化　等流現成觀法界
光明心殿四法身　一切本初大圓滿
稽首體性光明法　菩提心王法性中
自性清淨眾生心　離瞋熱惱大清涼
離愚癡闇光明具　月輪三昧赤裸現

體阿無生本明空　　圓滿眾生具全佛
南無十方密行眾　　無比賢聖普賢行
安住毘盧三昧海　　廣大行願離初後
吉祥聖者心月淨　　明圓阿字身語意
流轉光明三密中　　佛境妙行全佛生

「月輪觀・阿字觀」是由毘盧遮那如來自性中所流出的三昧，所以我們依止大智海毘盧遮那佛；一切法界密行的賢聖眾，都是依阿字觀、月輪觀的修持來獲得成就；所以我們亦依此三寶來皈依禮敬。

皈命禮敬法界體性海

「皈命體性法界海，摩訶毘盧遮那佛」，我們皈命於法界體性海，即是皈命於摩訶毘盧遮那佛——大日如來。在現今的因緣時節中，釋迦牟尼佛亦可以說是大日如來的化現，他們的體性無二無別。當我們成佛之後，我們也就是大日如來，所以過去成就的諸佛，都可以名之為毘盧遮那佛。

「五智四身自圓滿」，大日如來圓滿具足五智與四身，一切諸佛也都圓滿成證五智。五智是：轉九識為法界體性智，在五方佛中是屬於毘盧遮那佛；轉第八阿賴耶識成為「大圓鏡智」，是東方阿閦佛；南方是寶生佛，是轉第七末那識為「平等性智」；西方是無量壽如來（阿彌陀佛），轉第六識成「妙觀察智」；北方為不空成就佛，轉前五識為「成所作智」。這其實就是金剛界五佛，這一切是一個上下迴旋的世界，由中心流轉出來，再由外流轉迴去。

所以當我們觀察十二緣起時，要逆向、順向來觀察這十二因緣（無明、行、識、名色、六入、觸、受、愛、取、有、生、老死）。

染污是如何進行的呢？染污是由無明、行、識……轉到老死，所以我

轉五識成五智

轉第九識→法界體性智	中央 毘盧遮那佛
轉第八阿賴耶識→大圓鏡智	東方 阿閦佛
轉第七末那識→平等性智	南方 寶生佛
轉第六識→妙觀察智	西方 阿彌陀佛
轉前五識→成所作智	北方 不空成就佛

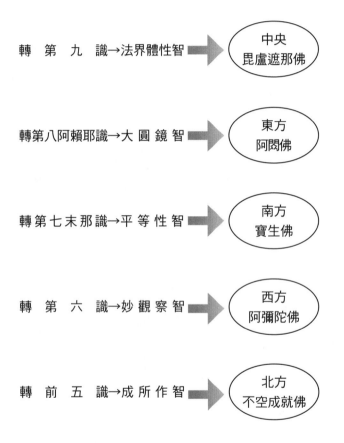

們要斷除這些染污，如果從現有的生命現象而言，則要從斷除老死、斷除生……直到斷除生命輪迴初始的無明之根，斬斷之後跳脫出生死輪迴，再重新迴入生死界，而安入大覺之位。

中台八葉院是屬於胎藏界大日如來，它是從法界體性開始，一層一層往外擴散出來，所以有時是九重月輪。在胎藏界有所謂的九重月輪觀，這九重月輪有兩種形式。

九個月輪重疊在一起而擴大出來，這是屬於金剛界。例如金剛九會是以毘盧遮那佛為中心，而由其中心旋流出來成為金剛九會；是從本初毘盧遮那佛的心流出到化現整個世界，而轉動整個世界直至圓滿成佛。所以整個世界對佛而言，都是轉動的，都是卍字的轉動。

我們常看到佛陀的胸前上有卍字，卍字就是代表轉動，他是轉動什麼呢？一是由佛境轉動至眾生，這是大悲不斷的示現；另一個是將眾生轉入於佛境之中，所以我們現在可以說都是在轉法輪。如果我們是安住於本位，便

胎藏界的五方佛

金剛界的五方佛

是在轉動法輪；安住於覺位之上，就是在轉動法輪。我們前面講五智，由如來五智轉識成五方佛，這即是金剛界。

金剛界和胎藏界的五方佛在配置是不太一樣的。就藏密而言，基本上是以金剛界的五方佛為中心，在藏密的修法中有時會將五方佛限制為化身佛，但是毘盧遮那佛是代表「法界體性智」，所以在此就會產生疑點：毘盧遮那佛如何會是化身佛呢？藏密的五方佛為何有如此的轉變呢？

這是因為為了配合無上瑜伽部的修法而產生的轉變，是由生起次第到圓滿次第的過程中，所呈現的次第修法。因為圓滿次第中，都是以雙運身出現，所以稱之為報身佛。但是這樣的次第只適用於「修法」上，而不是當我們看到毘盧遮那佛以單身佛示現時，就稱之為化身佛，以雙運身示現即是報身佛；要注意化身佛與報身佛應該不是以這樣的觀點來區分。

基本上五方佛都是由毘盧遮那佛所化現的，而毘盧遮那佛是由誰所化現的呢？他是由自性覺悟所化現的；所以當我們的自性覺悟之時，都可稱為毘盧遮那佛。

所以當我們在金剛峰頂證悟為毘盧遮那佛之時，我們的法界體性智會自然現起，然後轉動我們的五、八、六、七識，此時毘盧遮那佛就轉出了四方佛，五方佛就因此而現起。這現起不只如此，毘盧遮那佛還化現出十六位菩薩來成為四方佛的眷屬，四方佛再化現四位菩薩來供養毘盧遮那佛，所以整個金剛法界壇城，就如此形成了。這一切都是我們心的化現。

而當我們的染污心出現時也是在這個心，如果我們有嚴重的染污心，可能就會下地獄去，但這不是別人給予我們的，這一切也都是由我們自心所顯。

什麼是「阿鼻地獄」？阿鼻地獄的狀況很特殊，它是空間無間、時間無間和受苦無間。什麼是「空間無間」？不管阿鼻地獄有多大，整個阿鼻地獄就只有你一個人，受苦的人就是我們自己。即使一千萬個人下阿鼻地獄，每一個人都只感覺到他自己一個人在受苦。「受苦無間」是我們會不斷地受苦，而且不會死去，當業風一吹襲，我們又恢復而一直受苦；而且他會隨著我們的觀念、新科技的變化，而產生各種不同的刑罰，就這樣我們在阿鼻地獄受苦無間這也是我們一心所化現的境界。

其實從最惡的地獄界，到究竟圓滿的佛境都是由我們一心所化現，只是心的迷覺而已，由於心的迷覺而幻化出世間的一切。

那麼，由於佛陀的自性遊戲所幻化出的金剛法界宮，以五智轉成九識，或是五智轉成五大（地水火風空），或轉五毒等。配合這樣的說法，我們來看在顯教的阿彌陀佛是金色身，在藏密中阿彌陀佛為何示現紅色身？因為是為了轉第六識，但是這樣的說法不確定，但在緣起上藏密是依紅色阿彌陀佛來修法。

圓滿的四身

除了五智之外，一般而言還有所謂的「四身」與「三身」，「三身」是指法、報、化三身，而我們要了解：法、報、化三身只是在功用上的差別顯現而已。

除了三身之外，在密教中有所謂的「四身」，即是法、報、化三身再加上大樂智慧身；而在《華嚴經》中有所謂的「十身」；這是指佛身的分類。而在此所指的「四身」是什麼呢？「四身」是：自性身、受用身、變化身和等流身。

自性身

「自性身」是由自性中所現起，即是自安住於毘盧遮那如來的境界，而自安住於毘盧遮那佛即等同於法身。

而我們是否都具足自性身呢？其實自性身是眾生本然具足的，只是我們不相信自己原本具足。當我們見到自性身的同時，就會見到淨月輪；但是當我們看到月輪時，並不一定會見到自性身，因為我們每天都看到月亮呀！前者可以說是「有相瑜伽」與代表義理的「無相瑜伽」相應。

當我們初觀圓月時是月輪，但是當月輪變成極大時，大到遍至法界一切處，此時仍然有月輪的存在嗎？事實上，這時的月輪已無邊際了，進入此境界，才是真的見到了自性身，這是堅住初地。然後再不斷地圓滿中，而至究竟的境界稱為常寂光佛土，常寂光佛土與法身佛都等同於自性身。

受用身

「受用身」有兩種，一是自受用身，一是他受用身。當我們覺悟於金剛三摩地，在金剛喻定之中，整個周遍法界都是赤露明空，在緣起上有五大、九識，所以依此轉動這個緣起，而產生自受用大樂，那麼這個就是自受用身。所以這也是報身佛自在的遊戲，由毘盧遮那佛流出四方佛、化身十六菩薩、四方佛再化現出四菩薩，自在供養毘盧遮那佛，自在幻化的遊戲，這就是自性輪自在受用的大遊戲，即是自受用報身。

自受用報身之外還有他受用報身，與有緣菩薩參予教法、參予遊戲三昧，而令他人受用法樂，這屬於他受用報身。

「自性受用悲智德」，自受用報身與他受用報身，是悲智雙運的圓滿妙德，所以我們皈命於體性的法界大海，而隨順著如來覺性，便能成就圓證摩訶毘盧遮那佛。所以我們的五智、四身都能自體圓滿，自性受用而悲智雙運圓滿成就廣大妙德。

變化身

「十方廣大極變化」，變化身是十方廣大而且極為變化。以釋迦牟尼佛為例，他在二千五百年前出現於印度，這樣的示現即是變化身。

變化身亦可稱為應化身，有時應化身同時也可以區分為應身與化身兩身，在不同經典之中會產生不同的說法，在語詞上並沒有定位，要依據經文的前後關連性來判定。或許我們可以以下面的說法來顯示應化身。即是相應於此因緣所出生十方廣大且極為變化，身以肉身來示現修證成就，而以此身來救渡眾生的變化身。

等流身

「等流現成觀法界」，什麼是等流身呢？等流身是眾生應以何身得度者，即現何身救度而為之說法，此稱為等流身。

我們看在動物界中，觀世音菩薩化現為馬頭觀音來行救度，這馬頭觀音的示現即是等流身；而在天界，觀世音菩薩即化現成如意輪觀音，這也是等流身；所以在十方世界、無量無邊的世界中，有無量無邊的眾生，佛菩薩會依緣起、語言、思惟、眾生的緣起而隨身等流化現。現成普觀法界，法界有多少眾生，如來即現多少等流身，依緣起而相應廣行救度。

所以「四身」與「三身」的觀念是否一樣呢？他們只是在說法上有所不同，而出現四身與三身的說法。

其實這一切都是應各種緣起而出生的，但是如來是五智四身都圓滿具足，所以他本來具足自性身、受用身、變化身、等流身；但是在體性上眾生亦具足五智四身，而不是只具足自性身或應化身，在體性上應是全部具足，只是眾生無法在相上現起作用。

心內真如還遍外

「光明心殿四法身，一切本初大圓滿」，四身稱為四法身，這四身都是法身，是如來體性本然具足。在金剛法界宮中，毘盧遮那如來自在示現四種法身，這亦可稱為光明心殿，光明心殿即是心的體性。金剛法界宮在何處呢？不在別處，即在此處——自心法身，而我們有所體悟之時亦在此處；但是當我們體悟我們自心之時，是否僅有體悟自己的心呢？在杜順的〈漩澓頌〉中：「心內真如還遍外」，此「真如」指的即是自心法身，是我們的光明之心。當心內真如還遍外時，我們的心與真如法界無二無別，如是能了、能悟、能體、能作用，這是光明心殿所具足的四法身。我們如是讚歎一切本初大圓滿，皈命於一切本初大圓滿的毘盧遮那如來。

當我們修持「月輪觀」時，在法性上一切平等，而在緣起上是有其相應性，所以在意旨上的方向是一切本初大圓滿，法性一切平等，將修行的心意調整至這個方向，安住於此緣起當中，就可臻至圓滿的境界。以上是皈命佛寶。

而佛寶是從何處而來呢？有些人為什麼會信佛、學佛呢？大家是否曾經思惟過阿難尊者為何會學佛呢？阿難尊者除了與佛陀有親戚關係之外，我們看在經典中如何描述這段因緣。

因為阿難見到佛陀三十二相，八十隨形好，長相十分莊嚴，生起敬慕之心，於是想跟隨佛陀學習。阿難尊者的發心是很原始的，而修行到後來，他的發心是越來越不相同。就如同我們初始修行時的發心，可能與我們後來修行的發心不一樣了。

所以，我們慢慢地修行要使我們的發心逐漸增長，增長我們的願力，儘量發起廣大的願！發起會增長的願力！但是不要發起退失的願，退失的願就如同今天發願度一切眾生，而明天卻覺得一切眾生太多了，改成救度三千人就好了，這種退失的願最好不要發起，大家要時時檢測自己的發心。

經典記載釋迦牟尼佛成佛之後，未來是彌勒菩薩成佛。在這其間也有許多人修行成佛，但是此種成佛所示現的境界是「自入佛境」，在緣起上並沒有示現成佛，這個觀點大家要體悟了知。

因為現在「成佛」這個概念已經變得有點泛濫了，常常聽聞某某人本尊成就。而經典中明明記載在釋迦牟尼佛之後是彌勒佛的時代，而在其中修證成佛是什麼呢？到後來或許還勉強解釋一堆道理，表示釋迦牟尼佛所成的是公開的佛，是廣度眾生的佛，而一般是私人成佛，只能度化三千人。大家要好好釐清這樣的觀點。

稽首體性光明大法

「稽首體性光明法，菩提心王法性中，自性清涼眾生，離瞋熱惱大清涼，離愚癡闇光明具，月輪三昧赤裸現，圓滿眾生具全佛。」

在修習此法前，首先我們皈依佛寶，再來皈依法寶，現在我們稽首體性光明之法。「月輪觀・阿字觀」是體性光明之法，屬於遍照光明的法門，所以我們先由遍照義來觀察，首先我們了解光明之義。

光明有三個階段：

第一是「照」。光明首先是要能放光照明，如果我們被光明所照，這表示在光明的背後即是黑暗；而每一個人都想迎向光明背離黑暗，這是飛蛾撲火，因為在此「照」的階段，黑暗與光明是相依的。

第二是「透」。這已進步至另一階段，光明不單只是照，而且光明是透得過去的，所以才能透明、透光。光明除了「照」之外，再加上「透」，就沒有黑暗的存在了。而這光明不只是思想概念上的東西，這是須要親切地見到；當我們親切地感受時，眼睛會發覺更明亮了，而且見到一切都很光明。

第三是「遍照」。這境界更重要了，光明不是單方面的照耀，而是相互照攝，所以是相入相即、相映相攝，這才符合遍照義。「遍照」即是普明，是一切皆明，大則能大至遍法界一切處都是光明；一切光明無礙相映相攝，如此才能體悟體性光明之法。

所以光明是沒有分別心，光明是平等心，這才是真的平等光明，遍照光明之義。所以「遍照」有普明、平等之義，但是很多人常有讓自己獨自擁有光明而留給他人黑暗的想法，這其實是違反遍照義的。

因為遍照光明是體性光明，我們自己是光明，而大家也都是光明；每一個人都是佛，自己也是佛。而且要「自尊」，但自尊不是「我」自尊而其他人都要自卑，如果是此種情形，這是最沒有自尊的人了，因為常需要他人來尊敬自己。所以我們了解遍照義是一切平等平等、光明遍照。

我們稽首體性的光明大法，而體性光明是要從何處成就呢？體性光明是從菩提心王當中圓滿成就，而月輪即是菩提心。倘若我們沒有菩提心，就無法體會遍照光明；沒有菩提心就會產生分別相對立的看法：會認為自己比較亮，他人稍暗；自己比較好，他人比較差；認為自己是要救度他人，因而產生了我慢心，以此心態來行救度，這不是菩提心；菩提心是悲智圓滿的，是了悟一切皆空的智慧，了悟一切眾生與佛無二平等、無有差別，現觀每一個人都是佛，這才是無上的菩提心。若是無法如此體悟，談何幫助濟度他人呢？所以菩提心王是要從法性中生起，我們再來看在經典中如何描述。

《無畏三藏禪要》是月輪觀的根本依止，此經中記載：「**初觀之時，如似於月，遍周之復無復之圓，……**」在此很清楚的指出，在初觀之時，如似於月，而遍周之時沒有方圓。「遍」是普遍，「周」是全部都是，所以遍周有平等義。

如果我們修持遍照光明而沒有平等義，光明就不會周遍了。因此當我們看到那一個人不是佛時，那就沒有周遍了。

自性清淨心的三義

經中又云：「**依此漸進周法界者，如經所說名為初地。所以名為初地**

者，為以證此法，昔所未得，而含始得生大喜悅，是故初地名曰歡喜；亦莫作解了，即此自性清淨心，以三義故，猶如於月，一者，自性清淨義，離貪欲垢故；二者，清涼義，離瞋熱惱故；三者，光明義，離愚闇故。又月是四大所成，究竟壞去，是以月世人共見，取以為喻，令其悟入。」

為什麼稱為「初地」呢？因為證得這個法門是往昔所未曾得的，現在始得因而生起大喜悅。所以「初地」又稱為「極喜地」，但是我們不能只體悟至此境界，要了悟這就是自性的清淨心。

因為自性清淨心有三義的緣故，所以如同於月輪。這三義是：一自性清淨義，因為遠離貪欲垢的緣故，二清涼義，遠離瞋熱惱故；三光明義，離愚痴闇故。所以，月輪是從無相中表現有相，這是有相與三義相應，因此以月輪來表示。

因為月的自性清淨，遠離貪欲污垢，因此能燦然在法性中赤裸光明出生；所以眾生的心愈遠離貪欲，月則愈明。第二是清涼義，沒有瞋熱惱的緣故，所以觀月輪能生清涼，清涼則能生月。譬如夏天燥熱不堪，但看著月亮，心裡的瞋熱惱就消失了（這是從現實景像，以理來直接觀到無相跟瑜伽觀所產生相應的現象）。圓具光明，則遠離一切愚痴和昏闇。以上是表達自性清淨心的三義。

然而月又是四大（地、水、火、風）所組成，究竟會敗壞；這樣的說法是符合科學精神；而月亮又是世間人所共同見之，所以取之而譬喻。

這些古德的說法都是清楚明白的，心裡不禁生起無限感慨，迴看現今的傳法現象，很多人都憑著自己對佛法的一知半解就開始教化別人，而且信眾們都很信服他們的說法，相對於古德對於法的精闢解語，實在感慨良多。

我們修行月輪三昧必需具足這自性清淨心的三個要點，一是「自性清淨眾生心」，這是離貪；二是「離瞋熱惱大清涼」，這是離瞋；三是「離愚痴闇光明具」；具足這三點，便成就月輪三昧了。所以「自性清淨眾生心，離瞋熱惱大清涼，離愚癡闇光明具，月輪三昧赤裸現。」

「體性無生本明空，圓滿眾生具全佛」，我們修習月輪觀是依月輪本然明空無生的體性，此法門能使眾生圓滿成佛，所以我們要皈命於體性月輪觀。接著我們皈命於十方的賢聖眾。

皈命十方賢聖眾

「南無十方密行眾」，「南無佛」的佛是大覺者；「南無法」的法是成就之法；「南無僧」的僧是指眾的意思，這「僧」不單是指出家人，也可以是指眾生，僧亦是代表僧團，更嚴格來講是指賢聖僧，賢聖僧在世間的顯現是比丘僧團，就其密義而言即是：凡是一切證悟的人都可稱為賢聖僧。我們現在皈命於十方成就密行的賢聖眾。

「無比賢聖普賢行」，無以倫比的賢聖眾在外相上所顯的是普賢行，在密意上則示現金剛行；外顯是普賢菩薩，密顯是金剛薩埵；所以在密行中成就金剛薩埵行，則能成為金剛行者。

「安住毘盧遮那三昧海，廣大行願離初後」，我們安住於毘盧遮那佛的三昧大海中，在廣大行願中離於初、中、後的平等行，所以普賢行願大海即是安住於毘盧遮那佛的法界大智海之中，安住於此而行妙行。

「吉祥聖者心月淨，明圓遍照身語意，流轉光明三密中，佛境妙行全佛生。」吉祥的聖者心月得證清淨，我們日日精勤修習使心月圓滿清淨，從心月清淨之後，得證菩提心不退轉。而月輪光明圓滿遍照行者的身、語、意，依體性的月輪流轉光明於三密之中，依佛境妙行示現金剛薩埵來教化一切眾生，使眾生圓證全佛的境界。

第二章 修學的大菩提眾

法界無邊眾有情　世出世間諸悉地
一切祈願皆成就　是故速入光明海
三毒清淨離諸惱　安住廣大菩提心
身心輕安極清淨　長劫住世持壽命
眾生愛敬極成就　隨順廣大菩提心
一切密行妙根本　六大四曼三密身
五智四身大菩提　廣大金剛道究竟
圓滿無上祕密道　全佛法界遍光明
一切大心菩提眾　當圓月輪阿字觀

隨順廣大菩提心

我們依月輪觀・阿字觀的體性，現觀法界一切眾生圓滿成佛。我們皈命禮敬屬於月輪觀・阿字觀的佛、法、僧三寶眾，是何種人可以修學殊勝的體性月輪觀・阿字觀呢？我們了解因為菩提心月是一切眾生所有，所以一切法界眾生都能修學此法。

「法界無邊眾有情，世出世間諸悉地，一切祈願皆成就，是故速入光明海。」法界無邊的有情眾生，全部都依月輪觀・阿字觀的修持能夠成就一切世、出世間的悉地；而我們心中的一切祈願，皆能依月輪觀・阿字觀的修證，圓滿成就得證速入佛智的光明大海。

「三毒清淨離諸惱，安住廣大菩提心，身心輕安極清淨，長劫住世持壽命」，修學此觀法能使我們的貪、瞋、癡三毒清淨，而遠離一切煩惱，安住於廣大的菩提心當中，而且當我們的練習極為純熟之後，我們的身心會感覺輕安而極為清淨，增長壽命而且長劫住世。

我們現在可以做個小小的練習，即可讓大家體會這種輕安的感覺。

首先我們觀想在鼻頭上有一個月輪，然後當我們吸氣時，便吸進這月輪的光明，吐息時亦吐出這光明，此時身體的重量會覺得較輕，會有舒服的感覺，練習三次。

我們所觀想的月輪，最好能觀想成立體的形狀，若沒有辦法則平面的月輪亦可。

觀想月輪在鼻頭只是眾多的修法中的一種，我們亦可將月輪觀想在頭頂上，月輪如同酥油般，融化成清涼的甘露，然後融入我們的頭中，成為光明甘露灌頂法。

由於我們常修持心月輪觀，因此我們的心會有清涼的感受，熱惱也不易生起，很自然地產生喜悅，而且他人也會比以往更敬愛我們。

觀想月輪，體會輕安感覺的練習

方法一：觀想鼻上有一月輪，吸氣時是月輪的光明，吐息時亦是光明。

方法二：光明甘露灌頂法，觀想月輪在頭頂上，如同酥油般融化成清涼的甘露入於頭中。

大家是否很喜愛月亮呢？太陽的光線太強，使我們不容易清楚地觀看，而月亮光明柔潤，在緣起上我們很輕易地即可欣賞月亮。月亮清明的感覺很好，讓我們精勤修習月輪觀，因為修習此法成就而獲得眾生的愛敬，所以「眾生愛敬極成就」。

「隨順廣大菩提心，一切密行妙根本」，修學月輪觀最重要的是要隨順廣大的無上菩提心，這是一切密行的根本，倘若沒有菩提心，一切密行皆不得成就。

「六大四曼三密身，五智四身大菩提」，六大是指地、水、火、風、空、識。四曼是密教所建立的四種曼荼羅，即大曼荼羅、三昧耶曼荼羅、法曼荼羅、羯磨曼荼羅。略稱四曼。

依《理趣經》卷上所述，此四種曼荼羅總攝瑜伽一切曼荼羅；若畫一一佛菩薩的本形，即成大曼荼羅；若畫本尊所持的諸物，即成三昧耶曼荼羅；各書寫種子字於本位，即名法曼荼羅；各住本形安於本位，即成羯磨曼荼羅。這就是四種曼荼羅。

而這四種曼荼羅總攝一切，是一切的根本，我們由月輪觀來觀察，月輪是淨菩提心的代表，一切法、一切三昧耶、一切悲心，一切佛法所行，若是沒有淨菩提心就無法成就。所以金剛界的曼荼羅都是以月輪為代表，諸尊都是從月輪中展現。而胎藏界曼荼羅則是蓮花上是月輪，代表由心輪出生月輪，沒有月輪淨菩提心則一切法門皆無法成就。

三密是指身、語、意，佛陀也是因為淨菩提心的修持而獲致三密清淨。五智（法界體性智、大圓鏡智、平等性智、妙觀察智、成所作智）與四種妙身（自性身、受用身、變化身、等流身），都是依月輪觀而成就大菩提。

「廣大金剛道究竟，圓滿無上祕密道，全佛法界遍光明，一切大心菩提眾，當圓月輪阿字觀。」這是究竟廣大的金剛道，圓滿無上的祕密之道，能使全佛法界遍照光明，一切發大菩提心的聖眾，應當圓滿成證月輪觀・阿字觀。

月輪觀與阿字觀是很基礎的修法，如果未能成證月輪淨菩心，基礎觀法不鞏固，修習本尊觀亦難以成就，所以一切大菩提心眾應當勤加修習圓證月輪觀、阿字觀。

第三章 善發菩提心

普賢廣大菩提心　法爾應住恆不離
一切眾生本薩埵　貪瞋癡惱之所縛
甚深瑜伽當修習　善觀本心湛然淨
如滿月光遍虛空　無所分別自覺了
實相般若淨法界　有情悉含善賢心
大悲發心印法界　體性流出四如來
廣大發心入佛慧　通達金剛菩提心
以此父母所生身　速證全佛大覺位
金剛圓明普賢身　毘盧遮那因道果
如實法界遍光明　法界證成密嚴剎

實相體中離修證　現觀心月阿不生
菩提心、行、義、涅槃　具足方便金剛智
遍照法界何非佛　光明無得覺無上

稽首普賢恩

「普賢廣大菩提心，法爾應住恆不離，一切眾生本薩埵，貪瞋癡惱之所縛」，密法中不論在何處都是以普賢為中心。普賢在祕密金剛道中，示現起金剛薩埵；而普賢行則是代表一切菩薩行；普賢的因、道、果都是遍含一切佛法的修行。所以普賢如來可稱為金剛界的毘盧遮那佛；普賢如來也可說是一切眾生的本有佛性，亦即是胎藏界的毘盧遮那佛；普賢道就是顯教示現騎六牙白象的普賢菩薩；在密法當中則以金剛薩埵來示現。前者是所有廣大行願的菩薩之主，後者是所有密法的金剛之主。

普賢王如來

普賢如來可稱為金剛界的毘盧遮那佛

普賢如來是眾生本有佛性，即是胎藏界的毘盧遮那佛

所以「普賢」代表何意義呢?普賢即是承繼一切毘盧遮那佛的心而現起教化者，諸佛安住於四法身如如不動而現普賢身，所以十方如來都在毘盧遮那佛三昧當中現起普賢菩薩。

所以當我們修學菩薩行時，我們就是普賢菩薩，只是尚未圓滿成證的普賢菩薩，可以說是少分的普賢菩薩。如以月輪的圓缺來區分：普賢菩薩就如同十四日的月亮，而毘盧遮那佛則是十五日的圓月。當然我們很多人都尚未是初一的月亮，若是初一的月亮也已經是入地菩薩了。但是假若沒有初一、初二、初三、一分一分的慢慢地圓滿的月亮，就沒有十四、十五的月輪，我們不禁禮稽首普賢恩。

而在密法中，我們是金剛薩埵的行者，我們行金剛行，我們就是少分的金剛薩埵，不論少分或全分的金剛薩埵，一切緣起性空，而當我們發起無上菩提心時，即具普賢心、金剛心。

大家要了解：普賢廣大菩提心，法爾應住永遠恆不遠離，一切眾生本是

普賢道在顯密教的示現形像

普賢道是顯教所示現的普賢菩薩

普賢道在密法中以金剛薩埵來示現

金剛薩埵，一切眾生的自性本是佛性，本來具足自性清淨，由於被虛幻的貪瞋癡惱所繫縛，而蒙蔽了本有清淨自性。

「甚深瑜伽當修習，善觀本心湛然淨，如滿月光遍虛空，無所分別自覺了」，我們應當修學甚深的瑜伽，我們先來了解什麼是瑜伽呢？瑜伽是相應的意思，有「相即」的相應，有「相入」的相應，我們藉由經典來了解瑜伽的深義。

在《華嚴經》中有一偈頌：「**能禮所禮性空寂，感應道交難思議，我此道場如帝珠，一切如來影現中。**」能禮所禮性空寂，代表三輪體空，能禮者眾生，所禮者如來，還有「禮」的行為，三者都是體性空寂。

經典中每一句話都很深要，希望大家不要輕忽，「能禮所禮性空寂」，大家要好好體會其義之深妙啊！

「感應道交難思議」，「感」是心有同感，「應」是與心相應。「感應」應是以道為根本，一般關於談論感應的事大都很粗淺，或是限於生理範圍沒有論及心靈層次，這是不夠圓滿的看法；「感應」要與「道」來互相交涉、互相交易，才能產生殊勝的覺受、境界，所以感應道交實是不可思議的。

那麼如來具足如是殊勝功德，我們要與之生起感應而後隨喜具足如是功德，這是與如來三密相應的根本。

我們要與佛陀的身、語、意三密相應，但是，倘若我們沒有心意要如何與之互相產生相應呢？單純依靠著誦持咒語、結手印、心裡觀想本尊的相貌，如是便期望能與本尊產生三密相應，而心裡卻不能生起絲毫的感覺，這是無法與之相互感應而圓滿成證佛果的境界。

「我此道場如帝珠」，帝珠是摩尼寶珠，是帝釋天王的珠子，稱珠王，珠中之王。我們在在處處都是摩尼寶珠，如水晶球一般光明通透的摩尼寶珠，每一個摩尼寶珠相互交攝光明，我攝入你的光明，你攝入我的光明。所以一切如來，十方諸佛都攝進寶珠之中。

「我此道場如帝珠，一切如來影現中」，這當中即有「相入相即」的意思，相攝相映；或是以水注水是「相入」，所以「相入」和「相即」是同時具足，如此三密相應才能圓滿成證。所以「瑜伽」就是修習入我我入、以水注水、相入相即。

我們觀想三密相應、入我我入，即是瑜珈行，先從虛空中觀想對生本尊，然後再觀想自生本尊，二者相入相即、互相融攝，即成就本尊觀。

當我們成就本尊，當然一切眾生也如是本尊成就，否則只有自身成就本尊，就認為自己修持很了不起，因而生起慢心，這慢心可不是佛慢，「佛慢」是具有平等義：是堅住一切佛慢而現觀眾生圓滿成佛。

以上甚深的「瑜伽」之義，大家要清楚了悟。

「善觀本心湛然淨」，我們要善巧觀察自心本來湛然清淨，而如何善觀本心湛然清淨呢？現在不管我們有任何的煩惱障難，清楚了知這些煩惱都是在虛空中依因緣而產生，其源由根本是無生，因而了知本心是湛然清淨。

「如滿月光遍虛空，無所分別自覺了」，現在我們所觀想的月亮漸漸廣大遍滿虛空法界，把我們整個心的迷惘都排除掉了，在無所分別中的自心中覺了，我們就依此來發起無上的菩提心。

「實相般若淨法界，有情悉含普賢心，大悲發心的法界，體性流出四如來」，因為實相般若法界本然清淨，一切有情皆悉含有普賢之心，一切眾生本來具足佛性，所以我們以大悲發心來印入法界之心，與法界相應。從體性當中流出一切四種如來，這四種如來即是四身如來，亦是從法界體性身所流出的四如來，如此而具足五方佛。

「廣大發心入佛慧，通達金剛菩提心，以此父母所生身，速證全佛大覺位」，我們要發起廣大的無上菩提心，而證入於佛陀的智慧當中，通達金剛不壞的菩提心，安住於心月輪中如如不動，以這個父母所生的身體，來迅速證得眾生全佛的大覺位。

「金剛圓明普賢身，毘盧遮那因道果，如實法界遍光明，法界證成密嚴剎」，我們成證金剛圓明的普賢妙身，這普賢妙身即是顯現毘盧遮那如來的因、道、果平等無二，如實的法界遍照光明，法界圓證清淨的密嚴剎土，即圓證毘盧遮那法界宮。

「實相體中離修證，現觀心月阿不生，菩提心、行、義、涅槃，具足方便金剛智」，在實相體中我們遠離一切修證，現觀體性心月阿字本不生，我們的菩提心、菩提行、菩提義與涅槃，四者全部圓滿成證，於是我們便具足了善巧方便的金剛智慧。

「遍照法界何非佛，光明無得覺無上。」我們了悟光明遍照的法界，何者非佛陀耶？在具足光明無所得中了悟無上的圓滿智慧。

第四章　正確的見地

祕密莊嚴心寶藏　瑜伽輪圓金剛場
諸法能生所依止　萬德全歸攝實相
體用廣大性相寂　四曼十界三密相
六大真如常平等　五部、金、胎、四法王
無上瑜伽大圓滿　法界體性同寂圓
無盡全攝相即入　正見一心全佛觀
妙月淨輪離內外　方所無二本真如
胎月九重示法界　金月圓明五佛覺
廣大祕密三摩地　功德全聚勝總持
心月同如如實相　菩提心相淨滿月

心月無二同全佛　月心同寂大涅槃
如實勝觀心月輪　赤裸清淨無可染
阿字不生具萬德　萬物如生真如體
出生無邊祕妙門　如實現悟知自心
正等覺持體無初　身語意息實相阿

珍視善待自己的身心

「祕密莊嚴心寶藏，瑜伽輪圓金剛場」，「月輪觀」是祕密莊嚴心之寶藏，它是一切瑜伽輪壇圓滿的金剛菩提場。其實這是指身與心二者，我們的心是祕密莊嚴心，以心月輪來顯示這祕密莊嚴之心；而我們此身即是瑜伽輪圓、金剛道場，在密教稱之為「中圍」；中圍即是五佛所行之處，所以我們的身體是輪圓的曼荼羅。

在密教中，常常提及不可殘害自身，因為殘害自身是犯戒的。理由是我們的身體是諸佛的曼荼羅，而我們的心是莊嚴之心，所以我們要好好珍視自己。但是要注意，珍視自己不是自私，而是珍視自身心，因為我們要依此身心來修行，所以是「諸法能生所依止」，這祕密莊嚴心、瑜伽輪圓金剛道場是能出生諸法而且依止之處。

「萬德全歸攝實相」，我們的身心亦是萬德全歸而能攝持實相之處。我們現在來觀察：「證悟的人是誰？」證悟者是以身心來證悟實相，所以我們的身心是非常莊嚴重要的，我們要珍視而且善待自己的身心，依此身心來精進修行，所以我們要如法供養諸佛、供養自性如來。

所以當我們殘害自身心，想盡各種方法來增添自己的煩惱、暴飲暴食或是故意不當的節食。這些行為都是在傷害自性佛陀，所以請各位如來善自珍重、尊重！當然亦要尊重他人如來。

在此要注意，尊重自己是要隨順法性流，而不是隨順自己的貪、瞋、癡、慢、疑；千萬不要隨順自己的五毒之心，而做出奇怪的決定，做出違背正法之事，而遠離正法，大家應當如理思惟。

尊重一切是最大的供養

「體用廣大性相寂，四曼十界三密相，六大真如常平等，五部、金、胎、四法王，無上瑜伽大圓滿，法界體性同寂圓」，我們的體用廣大性相一切寂滅。「四曼」是指四種曼荼羅：法曼荼羅、三昧耶曼荼羅、大曼荼羅、羯磨曼荼羅。前面我們有介紹過四種曼荼羅，而相應於我們自身而言，法曼荼羅是指我們的思想；而我們的誓句願望即是三昧耶曼荼羅；我們現在的存有即是大曼荼羅；我們一生的所作所行即是羯磨曼荼羅；這是四種曼荼羅。

「十界」是指：地獄、畜生、餓鬼、修羅、人、天、聲聞、緣覺、菩薩、佛等十法界。而我們自身即具足十法界，不是一切法界才具足十法界。

「三密」則是指清淨的身、語、意三密。「六大」是指地、水、火、風、空、識。

以空海大師對月輪的論點，他認為在定心廣觀月輪時，六大即是大日法身，即是毘盧遮那如來現前，這與藏密對於普賢王如來的觀點是一致的：地、水、火、風、空五大是普賢王佛母，與識大普賢王佛父雙運，即是六大現成；而六大常瑜伽，即是此理。

當我們如實觀察四曼、十界、三密之相與六大真如，一切平等現前。而一切五部如來（佛部、金剛部、蓮華部、寶部、羯磨部），金胎兩部（金剛部、胎藏部）、一切四法之王，四法是：事部、行部、瑜伽部、無上瑜伽部。這無上瑜伽部乃至大圓滿之法，這些教法都在法界體性當中同寂圓。

「無盡全攝相即入，正見一心全佛觀」，一切教法同在法界體性當中同寂圓，而且相互之間就如同摩尼寶珠般無盡相攝、相入相即。我們以正見的一心來觀照法界全佛，所以我們要自尊重、他尊重、尊重一切，這就是最廣大的供養了，頂禮一切現前眾生如來，我們要具有如是的正見之心。

「妙月淨輪離內外，方所無二本真如，胎月九重示法界」，微妙清淨的月輪遠離一切內外，方所無二無別都是真如的示現。在胎藏的月輪中示現九重月輪，九重月輪表九識，而九識即含容一切法界。

我們現在觀察我們自己的心識，我們的前五識是眼、耳、鼻、舌、身；第六識是意識；第七識攝第八識，第八識是一切的根本，是自我的根本；而第九識是法界體性；所以九識具足一切法界，所以以九重月輪來表示，胎藏即具足法界。

相對於自性身、法身、法界體性身都是屬於九識所變化，而常寂光法界是遍一切處，所以當我們證入常寂光法界、金剛喻定之時，十方諸佛都是我們心的幻化。這是由第九識轉出第八識，如阿彌陀佛或十方諸佛都是屬於第八意識；而「淨土」是第七識特有的自受用、他受用；而這全部攝入第九識，所以「胎月九重示法界」。

「金月圓明五佛覺」，金剛界的月輪圓明現起，轉五大成為五智，亦是九識轉成五方佛，轉化五毒煩惱成五智、五佛。

胎藏界是九重，一般示現主要是三部：佛部、蓮華部、金剛部；而金剛界一般是五部，除了前三部又多了寶部和羯磨部。

所以「胎月九重示法界，金月圓明五佛覺」，這妙月淨輪將金、胎二部的本有與修生，胎藏與金剛正覺二者相映相攝而出。

如實了知自心

「廣大祕密三摩地」，「月輪觀」其實就是菩提心觀，是能夠遠離一切塵垢的廣大祕密三摩地，而且依此能出生一切功德，所以「功德全聚勝總持」，圓滿月輪菩提心，總攝無量無邊的功德。

「心月同如如實相」，「月輪觀」的心月輪，其「月」是屬於表相，而「心」屬於自心，有相與無相二者相應心月二者相應，以月喻心，以心顯月。我們所修持的相，是以月喻於心，如是心月同如安住於實相中，所以在菩提心現起之後，淨滿月之相就如實現生了。

月輪的相所表達的體意與菩提心是最為相應，就如同在《觀無量壽經》裡的〈十六觀經〉，以「落日觀」來起觀，這也是因為緣起的關係，落日代表著光明藏，而「月」則代表淨菩提心，代表著佛性、法性，這是月輪與我們的心相應，依此緣起修持至心月圓同一如、心月無二的實相境界。

「心月無二同全佛」，心是佛性清淨，而心月圓同一如，心月都是同一實相，體悟心月無二，而佛與眾生亦無二無別，一切眾生都是如來。所以心月無二圓同眾生全佛，都是同體實相。

頓然發現一切相都如同月一般寂滅，而我們的心也是寂滅相，因此以心印月，以心來攝月，以心來發起大悲心：護持成就一切眾生圓滿成佛。

月的寂滅是實相，而心亦同是寂滅，月心都是寂滅，於是我們便安住在涅槃境界當中，所以「月心同寂大涅槃」。

「如實勝觀心月輪，赤裸清淨無可染」，我們如實勝觀這心月輪，「勝」是指勝義觀，勝義觀是遠離雜染、沒有執著的觀修，是見法性的觀修，是第一義諦的觀修，是現觀無可執處。我們如實勝觀心月輪，心月輪赤裸清淨無有可染之處。

「阿字性不生具萬德，萬物如生真如體，出生無邊祕妙門，如實現悟知自心」，我們要了解阿字本不生即能出生萬德，而萬物一如出生，不離於真如之實相體。由阿字出生無盡無邊的祕妙之門，如實現前了悟而知自心。何謂菩提？如實知自心，所以「如實現悟知自心」。

「正等覺持體無初，身語意息實相阿」，正等覺持的妙體本是無初之相，因為無生所以是無初相。而我們的身、語、意、息皆在光明無礙的實相阿中。

第五章 修持月輪觀

依菩提心修持月輪觀

現在開始進入淨月輪觀的修法，以下先依「月輪淨菩提心觀祕誦」來修持。

「月輪淨菩提心觀祕誦」是將各部的觀法都收攝進來，不只是有瑜伽部、事部、行部的觀法，還有無上瑜伽部的觀法，另外還加上大圓滿系統的觀法。

心月輪觀是密教基礎的觀法，是由開元三大士的善無畏所傳入。月輪觀，又稱為淨菩提心觀，是觀照我們自身的體性如心月輪一般的法門。

在《諸佛境界攝真實經》中記載：「**我已見心相，清淨如月輪，離諸煩惱**

垢，能執所執等。諸佛咸告言，汝心本如是，為客塵所翳，不悟菩提心。汝觀淨月輪，念念而觀照，能令智明顯，得悟菩提心。」我們的心本如月輪清淨，遠離煩惱塵垢，能執所執等。但因客塵所障礙，不能體悟菩提心；但是我們修持淨月輪觀，能夠念念觀照，顯現我們的真實智慧，得以體悟菩提心。

除此之外，在《大日經》也論及月輪觀，亦是用月輪清淨來表示；在《金剛頂一切如來大乘大教王經》也有大約相同的觀點；還有《金剛頂蓮華部心念誦儀軌》，這些經典，都引述對於月輪觀相同的依止。

但是這樣的引述不只在密教經典中記載，在《大乘本生心地觀經》卷第八記載著月輪觀的修法。在〈發菩提心品〉第十一中記載：爾時，文殊師利菩薩白佛言：「世尊！心無形相，亦無住處，凡夫行者最初發心，依何等處？觀何等相？」佛言：「善男子！凡夫所觀菩提心相，猶如清淨圓滿月輪，於胸臆上明朗而住。若欲速得不退轉者，在阿蘭若及空寂室，端身正念結前如來金剛縛印，冥目觀察臆中明月，作是思惟：『是滿月輪五十由旬無垢明淨，內外澄澈最極清涼，月即是心，心即是月，塵翳無染妄想不生，能令眾生身心清淨，大菩提心堅固不退。』結此手印，持念觀察大菩提心微妙章句，一切菩薩最初發心清淨真言：唵　菩地　室多　牟致波　陀邪　弭」

在此經中云：心沒有形相也沒有住處，但是凡夫行者最初發心，要依何等處？要觀何種相呢？在無相無形的境界中，我們依方便來觀察菩提心。菩提心的相貌就好像清淨圓滿的月輪，在胸臆上明朗地安住。這即是指我們的心圓滿而無缺陷，清淨光明而明朗地注照；所以菩提心以月輪的相來顯示。

相反地，若只是以月輪的相來修持而沒有內義的存在，這樣的修持也是起不了作用。

所以我們以菩提心的內義及外相來修持，使我們安住於菩提心當中而不退轉，這是很重要的。

又經云：善男子！時，彼行者端身正念都不動搖，繫心月輪成熟觀察，是名菩薩觀菩提心成佛三昧。若有凡夫修此觀者，所起五逆、四重、十惡及一闡提，如是等罪盡皆消滅，即獲五種三摩地門。云何為五？一者剎那三昧，二者微塵三昧，三者白縷三昧，四者起伏三昧，五者安住三昧。此經中很清楚地表達月輪觀的普遍性。

而在《金剛頂瑜珈中發阿耨多羅三藐三菩提心論》中云：諸佛大悲，用善巧智慧，使修行者在內心中現月輪，由於作是觀，照見本心湛然明淨，猶如滿月，光遍虛空，無所分別。

在此也是將菩提心與月輪結合在一起，但是並未很清楚地將完整的次第顯示出來。這是因為在當時的修行者都已具備基礎的禪觀，所以前面的部分便省略不提了。

在善無畏的《無畏三藏密要》中，將菩提心完整地建構出來。其中分為兩個部分，前面是屬於菩提心門，再來是月輪觀門。

善無畏所宣講的內容，可能與密教有關係，他曾與神秀的弟子嵩岳會善寺的景賢禪師對論佛法，而協助他翻譯《大日經》的一行禪師，則師事普寂禪師（神秀弟子），是北宗的嫡系傳人。

另外《無畏三藏禪要》是由長安西明寺的慧警禪師先行撰集之後，再行補遺。由此可知密教傳來時與北宗禪交涉之深，而且明顯的與北宗禪的禪法，有明顯的交涉。

在《無畏三藏禪要》中直接指出月輪觀的修法是：次應修三摩地。所言三摩地者，更無別法，直是一切眾生自性清淨心，名為大圓鏡智，上自諸佛下至蠢動，悉皆同等無有增減，但為無明妄想客塵所覆，是故流轉生死，不得作佛。行者應為安心靜住，莫緣一切諸境，假想一圓明猶如淨月，去身四尺，當前對面，不高不下，量同一肘，圓滿具足，其色明朗內外光潔，世無方比。初雖不見，久久精研尋當徹見已，即更觀察引令廣，或四尺，如是倍增，乃至滿三千大千世界極令分明，將欲出觀，如是漸略還同本相；初觀之時，如似於月，遍周之後無復方圓，作是觀已，即便證得解脫一切蓋障三

味，得此三昧者，名為地前三賢。

這個觀法的修證，會證得五種悉地，也就是五種三昧。所謂：剎那心、流注心、甜美心、摧散心、明鏡心等五種三昧的境界，後續會詳細說明。

以上我們可以了解，心月輪代表法性本淨，也代表著寂滅與淨菩提心，由此緣起上觀察，從闇黑的世界，現起清淨明朗的月輪，而光明周遍法界。

月輪十德

在經典中，各個古德對於月輪有不同的讚頌。在東密的傳承中，覺輪上人將月輪的德性總集為月輪的十德。

一、**圓滿**：如月之圓滿一般，自心也是圓滿無缺。自心具備萬德、種智圓，是月圓而觀心之圓滿本體，福慧圓滿即佛性。

二、**潔白**：如月之潔白一般，自心也是潔白無染。永離惡法而常興善法，見白色之月應觀心之潔白本質。自性潔白即性德之本源。

三、清淨：如月之清淨一般，自性也是清淨無垢。自性清淨，無貪無染，見月之清明觀心清淨，本來清淨無染，即是清淨佛性。

四、清涼：如月之清涼一般，自心也是離熱惱的。灑慈悲水滅瞋恚火，觸清涼月光令心中慈水澄澈，剎那間消滅無量瞋恚火焰。

五、明照：如月之明照一般，自心也是朗明光照。本離無明常為遮那，心臆月即澄淨，五障、晦闇去除，心體如圓鏡般晶瑩透徹，光明遍照一切。

六、獨尊：如月之獨一，自心也是獨一。自心是諸佛所在，萬法皆歸於此。心王之如來住於無與倫比之心殿，意識都城並居其中，皆是心之眷屬。

七、中道：如處於月中，自心亦離二邊。恆常中道永離執見二邊，離顯教之邊而住於真言中，過應身佛國土而入法身宮中。

八、速疾：如月之不遲一般，自心疾速。祕密法輪剎那間斷除惑業，心繫於淨土則十方不遠，乘神通之車須臾成佛。

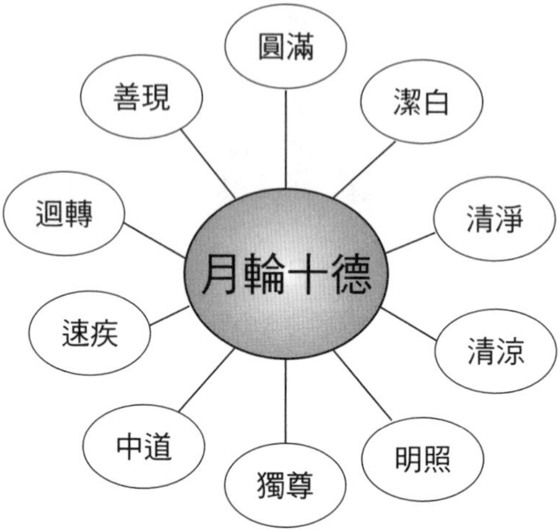

九、迴轉：如月之迴轉，自心亦是無所窮盡。還人心水，而起利物之心波，轉正法輪破愚迷痴闇，萬德無窮，不斷二利。

十、普現：如月之普現，自心亦是周遍寂靜。心緣水靜，普應萬機，一體化身九界，假多身普現十方一切國土。

由以上對心月輪的體悟，我們正式進入月輪觀的修法。當我們修持月輪觀時，可以在壇城上建造一個月輪，以月輪為本尊來修持。

接著我們依〈月輪淨菩提心觀祕誦〉之偈頌如實觀想修持。

月輪淨菩提心觀祕誦

現前普賢心月輪　凝然無初體自生
自顯能觀本覺性　受用赤露現明空
如心大曼法然住　胸臆萬德正覺輪
普賢本初菩提心　如空妙月體性界
無生萬法自性德　不二空明法界體
諸佛祕密心中心　獨一任運本無實
廣大悲智光明會　一切言詮不思議
自性師王金剛坐　身息心如自調樂
以妙方便本覺智　如實金剛五智圓
現前本寂三摩地　眾生清淨心自性

如月飛空無所緣
朗然淨月大圓鏡
量同一肘距四尺
如赤空露澈明光
自色自淨月空圓
祕密莊嚴無等比
潔白清明內外澈
清涼寂靜法性觀
法然明湛滿月天
無間觀照自良久
眼暫捨時心月現
心本淨月菩提心
如心如月心月同

如魚躍天海印現
當前對面非高下
輪圓妙相觀無厭
非虛非實自生顯
朗然明淨不思議
或現輕霧存二障
性自清淨色自淨
光明遍照自精研
圓明現觀寂然住
開眼閉目極悅然
月本淨心菩提月
如月如心月心如
月輪之外無心念

具滿一家一市城　分明齊顯自安住
現觀次第轉廣大　輕安寂靜清涼生
自力自然遍照觀　本寂歡喜遍法界
現滿三千世界觀　究極分明無分別
窮盡法界不思議　力重心鈍莫作意
隨順法爾顯自然　次第廣觀或斂觀
安然體相最吉祥　妙然本寂無內外
一切方圓本不生　遍周法界體性觀
如意宛轉現本然　久觀心力疲極時
隨緣自然出三昧　次第收攝漸次圓
還同本相初觀月　漸次明空赤裸點
最深祕密本寂照　唯一明點不思議
現生頓空現本然　本來清淨大圓滿

自性如來勝供養　普周法界心中心
淨心現躍海印月　無間流水金剛禪
密境大密甚深密　本然不坐不可得
體性究竟常瑜伽　解脫眾障三摩地
現前觀喜圓初地　五種三昧次第生
三月等引至究竟　久久純熟法性盡
現前密付具緣者　普賢如來自然證
全觀淨照果身德　妙明圓滿見全佛

月輪的體相

首先我們來了解淨月輪本身所顯示的體義。

「現前普賢心月輪」，以月比喻我們自心的清淨菩提，然後以心觀月朗然現住，所以心月不二匯同普賢實相，依普賢心起而觀照法界實相，所以

「現前普賢心月輪」，普賢心月輪不依何處現起，但是有其緣起之相。

「凝然無初體自生」，它的緣起相，在本質上是凝然無初，當我們自心中一切都斷掉，一切放下，在頓然刹那間煩惱斷掉之後，法界唯一明點就赤裸現前。從普賢心月輪至凝然無初，這是當一切妄念斷除之時，從體性當中自然出生現起。

「自顯能觀本覺性，受用赤露現明空」，自然顯現能觀照的本覺之心，自受用於赤露的明空，受用於遍法界都是赤露明空。

這四句偈頌顯現了法性的普遍光明的源由，由此我們現觀法界遍照光明。

對初學的人而言，這四句偈可以認為是論及空性，從空性中現起月輪；對於有所證悟的人而言，這是顯示現斷一切，現觀法性的「立斷」的境界，也就是是密教中大圓滿所談的「且卻」的境界。當下斷除一切無明煩惱，赤露受用現前明空。

「如心大曼法然住，胸臆德正覺輪，普賢本初菩提心，如空妙月體性界」，同樣的這四句偈頌，對一般人而言，是從空性中觀起無上菩提心的方便。但對於現觀體性智慧的人，體悟的卻是法爾本具的大菩提心。

這四句是顯現「妥噶」頓超的境界，法界一切所顯，無非是普賢法界，普賢王如來的大菩提心，也是由體性的空色所現起的金剛鍊光所顯現的不可得體性虹光。所以這是「妥噶」本身所現起的立斷、頓超，所以「現前普賢心月輪，凝然無初體自生，自顯能觀本覺性，受用赤露現明空」，是我們的心頓然全斷，接著現起如心月輪的大曼荼羅法然安住，此時我們從普遍的明空境界中，在胸臆間現起明朗萬德的正覺之輪。這是普賢本初的菩提心，從體性本無初的法界當中，生起一念本初普賢之菩提心。

所以從無初法界中，一切現起明空立斷，一切皆斷！在斷盡之中，豁然一念生起普賢本初菩提心，依心月輪而安住，我們亦可以視此為金剛鍊光的修法。

「如空妙月體性界」，體性如空的妙月，從法界體性當中現起，法性立斷，一切平等，緣起頓超，明月朗然現住，所以明空妙月體性界。

在此之前我們敘述「立斷」的境界，接著說明「頓超」的境界，現在要顯現它的妙用。

「能生萬法自性德，不二空明法界體」，何其自性能生萬法！能生萬法的自性妙德，不二的法界空明之妙體，整個法界體性界都是遍照光明，於此再現起明朗的明月，這其實都是法界之體。

「諸佛祕密心中心，獨一任運本無實」，這是諸佛祕密心中心，精要之精要，大圓滿心髓之心髓。他現起獨一、任運、無實、廣大，這是大圓滿四種妙德，在法界赤露明空中獨一任運自住，一切無實沒有執著，廣大而普遍，所以「獨一任運本無實」。

「廣大悲智光明會」，廣大悲智光明會，其中所顯示即是明點雙運的特質，都是由悲智雙運的明點所出生，這是赤裸的菩提心，悲智菩提心所現起的明月，所以這明月是溫潤淨亮的，是由每一個悲智雙運的明點，每一個金剛鍊光所凝聚而成的明月，是普遍法界的大光明。

「一切言詮不思議」，這一切是言詮不可以思議的境界。

以上是說明月輪所顯現的體相，接著是修學月輪觀的前行方便。

月輪觀的前行方便

「自性師王金剛坐」，我們安住在自性師王的金剛跏趺坐上，自性湧現如同師王一般。

「身息心如自調樂」，接著調柔身、息、心三者，安住於身如、息如、心如的境界，身、息、心三者都是如性，都是妙月的體性，都是心月之性。

當我們身、息、心如是調柔、調順之後，然後我們可以半觀鼻頭一片白，善引這鼻頭上的妙月，由金剛鍊光流露出的妙月，如同神牛降乳一般。

當我們吸氣時，將金剛鍊光由鼻吸入我們身心諸脈，到達我們的指尖、

月輪觀的前行方便：調柔身、息、心

我們安住於金剛跏趺坐

吸氣時將金剛鍊光吸入身心諸脈

吐息時，氣遍融法界

腳尖，到達一切毛孔，一切細胞，自身的諸根充滿、滋潤、潤澤。

吐息也是如同金剛乳汁一般，息吐出去後遍融法界，一呼一吸都是如此，將法界的金剛乳汁、一切諸佛祕密悲智的金剛明點、光明全部吸入，這是很好的調息方法！

身如師子王般依自性安住，身、息、心如自然調柔住於妙樂明空當中，安住於無實、體性界中。以上是坐姿及調息的方法，當我們靜坐時運用此方法來練習，亦甚為深妙。

「以妙方便本覺智，如實金剛五智圓」，我們以勝妙方便的本覺智慧，這本覺智即是胎藏的本覺智、金剛的本覺智，即是金胎兩部的匯融。如實金剛圓滿的五智，在「用」上就如同《心經》的「**觀自在菩薩，行深般若波羅蜜多時，照見五蘊皆空**。」以妙方便本覺的智慧，如實圓滿金剛的五智。

「現前本寂三摩地，眾生清淨心自性」，我們現前安住於本寂的三摩地中，即是眾生清淨心的自性當中。

「如月飛空無所緣，如魚躍天海印現」，在再顯現如月飛空，在空中沒有任何所緣，如魚躍出天空一般，海印現前，就這樣如實赤裸現起，這是調身、息、心的觀想方便。

對生本尊觀法

當身、息、心調和時，我們進入正觀，首先觀想對生本尊，亦可觀為自生本尊，但在此修法中我們觀想對生本尊。

「朗然淨月大圓鏡，當前對面非高下」，朗然淨月即是大圓鏡智，亦是自性清淨心，以大圓鏡智來修觀月輪，就在當前正對面。

「量同一肘距四尺」，一肘即是一尺，月輪量同一尺大，而距離四尺之處。記得當龍樹菩薩演說月輪觀即現月輪說法，其境界真是深妙。

「輪圓妙相觀無厭」，月輪的輪圓妙相，我們觀之毫不疲厭。

「如赤空露澈明光，非虛非實自生顯」，如赤露明空般完全現前，而我

對生本尊觀法

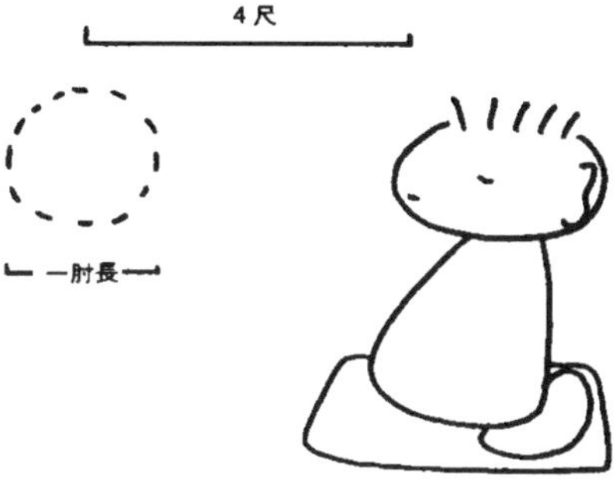

距離我們四尺處有一肘大的月輪

們的心與一切相印明澈光明，它不是虛也不是實，而是自生自顯。

「自色自淨月空圓，朗然明淨不思議」，這非虛非實的境界，當我們觀照之時，注意我們的心念不能全部加在上面，不能太用力，也不能跟它完全毫無相應，它與心是完全一如，所以儘管非虛非實，但是自顯色相自清淨，只因明月空圓如實，所以朗然明淨不可思議。

「祕密莊嚴無等比，或現輕霧存二障，潔白清明內外澈，性自清淨色自淨」，修至此階段時，對生的月輪朗然清淨不可思議，祕密莊嚴無等倫比。

可是如果我們在這樣的觀照中，月輪上現起薄霧之相，此薄霧相即代表障礙的出現，「或現輕霧存二障」，這二障是指所知障和煩惱障，所以當我們心中生起煩惱，明月上便有薄霧了。心中生起執著、無明，無知或知的執著都是屬於所知障。

所以一個好的修行人，他不會堅執自己的所知，不會認為事情只有自己知道而別人都不懂，這是所知障，有所執著便是所知障，知道太多是所知障，完全不知道，也是所知障。

「清涼寂靜法性觀，光明遍照自精研」，妙月這清涼寂靜的法性現起了，光明遍照而自在精研。妙月無實而越來越清楚、越來越明亮，這種明亮是有生命的，不只是形容詞晶瑩剔透，而是活生生的生命體，這種精澈的現象會現起。大家要了解：金剛鍊光是活的、有生命的，而不只是亮亮的，這就如同真金與鍍金的光澤是可以區分的。

心不住菩提，則月不明朗

當月輪上現起薄霧，
表示有所知障與煩
惱障的出現

「法然明湛滿月天，圓明現觀寂然住」，法然明湛整個都是滿月，圓明現觀而寂然安住，這即是心月不二，此時我們就寂然安住了。

「無間觀照自良久，開眼閉目極悅然」，我們無間相續觀照良久，這良久到底是多長的時間呢？良久即是良久。當我們開眼閉目的都極為欣悅。

「眼暫捨時心月現」，之前我們無間觀照良久，開眼、閉眼都極為悅然，但當我們眼睛暫捨不看時，心月就自然現起了。心月不二，月既非心，月亦不離心，此時忽然了悟，月即是我們的淨心，即是菩提心月；心清淨月才清淨，否則月會現起薄霧，心不住菩提則月不明朗，所以「月本淨心菩提月」，這是心月合觀。

心是如、月是如，如月如心，月心一如。「如月如心月心如，如心如月心月同」，這不只如月如心，而且月心同一，如心如月，心月同等。所以心月輪之外別無心念，這是入於月輪三昧的初方便。

「心念自體全月輪，非有異緣月輪現」，我們不只是在月輪之外沒有心念而已，我們的心念自體即是完整圓滿的月輪，所以「心念自體全月輪」。也不是另外觀想一個異緣的月輪來觀察，月輪之外別無心念，心念自體全是圓滿的月輪。

「無間流水心月明，無生月輪赤裸現」，此時心契於法性，如無間流水相續無往，會於心月明朗的究竟光明，而無生月輪便赤裸顯現了。當我們觀照到此種境界時，我們如是現觀。

「無滅妙心勝空行，無念金剛月輪住，妙湛總持法性音，自住本初普賢宮」，無生的月輪赤裸現起，無滅的妙心勝妙空行，在無念的金剛月輪上自然安住，妙湛總持一切法性的妙音，自住於本初的普賢宮殿之中——即是體性月輪，我們安住於此境界中。

「金剛三昧不行得，散亂妙心住本然」，我們安住在本初的普賢宮中，金剛三昧不行而得。如果此時我們的心生起散亂，此時心根本不用去分別散亂或修整，因為此時的心是本來散亂亦微妙不可思議的，心本自清淨，所以「散亂妙心住本然」，散亂妙心本來就住於本然。

「本然心月廣大觀，沉沒心無如實觀」，住於本然的心月廣大如實觀照，當心沉沒時，沉沒之心不能如實觀照的。

「如實月心照光明，如心妙月自當下」，如同實相的月心照著光明，此時月心與光明的對待性完全消失了，而如心的妙月當下現起。

「一肘之量妙空觀，如空明月現前住」，一肘等量的微妙空觀，如空的明月現前安住。

「妙引心輪法爾位，法住本然現妙心，心眼倍明不動觀，如實自生自明顯」，妙引心輪的法爾之位，法住本然而現起妙心，此時心眼倍加明朗，就如此不動而觀，如實自然生起自明顯。此段偈頌非常的重要，希望大家好好體悟。

月輪的廣觀與斂觀

「現前清涼清淨體，自生妙顯漸廣大，二尺三尺四尺量，如實倍增更廣大，如牟尼珠現空然，一丈二丈滿室中，具滿一家一市城，分明齊顯自安住。」現前清涼的清淨之體，月輪自然生起微妙的顯現，漸次廣大。一尺、二尺、三尺、四尺、一丈、二丈，滿室中，一個樓房大、一個城市大，如實的倍增更加廣大，就如同牟尼寶珠顯現在虛空中一般，感覺就如同在闇黑的虛空中，現起一輪如同晶瑩牟尼寶珠的清淨明月，在我們的眼前不斷的漸次廣大，遍滿一丈大、一家大、一城大，分明清楚一齊一顯現而自在安住。

不論我們觀想的尺寸多大，切記觀想一定清清楚楚，連周圍都很清楚，不可模糊。

「現觀次第轉廣大，輕安寂靜清涼住，自力自然遍照觀，本寂歡喜遍法界，現滿三千世界觀，究極分明無分別。」現觀月輪次第增長廣大，此時我們會產生寂靜清涼的覺受。自力自然地遍照觀察，本然寂靜的歡喜遍滿整個法界。一直觀想到月輪遍滿三千大千世界，而在三千大千世界中，仍然究極清楚分明而完全沒有分別產生。

「窮盡法界不可思議，力重心鈍莫作意，隨順法爾顯現自然」，觀想至此境界，就如同在《無畏三藏禪要》中所云：「遍照之後，無復方圓。」已經沒有方圓可說，而是一切都是，本來法界清淨，就如此赤裸明照窮盡法界不可思議。

萬一在此廣觀的練習中，感覺不能觀想太久或月輪不夠廣大，這是心力的問題，因為心力不夠所以感覺很重，有壓力，或是心很鈍、不夠敏銳，這時要注意：我們的心不但不可作意，而且要放鬆，隨順法爾自然的體性，隨順法爾顯現自然，此問題就自然消失了。

「次第廣觀或斂觀，安然體相最吉祥，妙然本寂無內外」，我們不斷地廣觀，月輪不斷的變大，大到無間，遍滿無邊無際的法界，然後接著再次第斂觀，我們安然住於自性的體相之中，住於體性的妙相之中清楚地了悟月輪的體意，顯現出最究竟的密意，妙然本寂住於無內、外的境界之中。

我們再複習，不僅觀想月輪在面前，而且二六時都很清楚，開目、閉目都在面前，然後練習月輪漸次廣大，一尺、二尺、三尺、四尺、一丈、二丈、一個城市，台灣、亞洲、地球、太陽系、三千大千世界，無量的三千大千世界，遍滿法界到最後沒有方圓，這是廣觀的練習。

然後次第月輪的斂觀修法，在此安住於體性的妙相當中，法界現前皆是平等圓滿，安住在妙然本寂無內、無外的境界當中。

月輪的廣觀修法

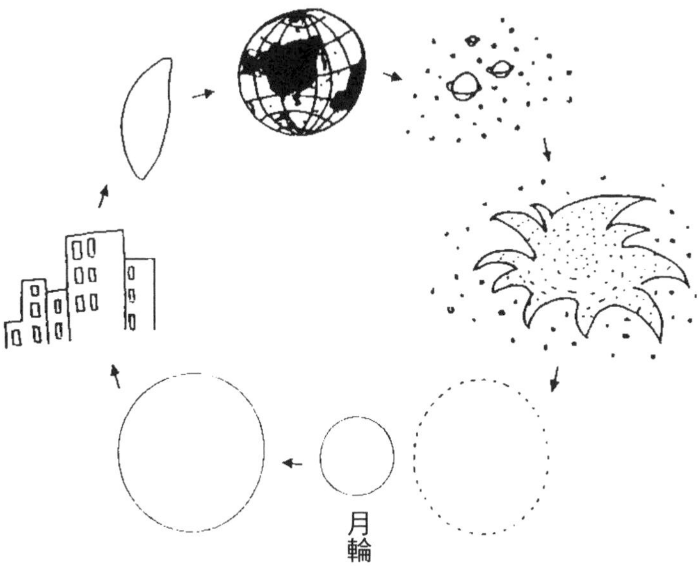

「一切方圓本不生，遍周法界體性觀，如意宛轉現本然，久觀心力疲極時，隨緣自然出三昧」，在此了悟一切方圓都是無生無住的，遍周法界的體性觀察，如意宛轉現起本然的法性。當我們如此久觀之後，心力感覺很疲累之時，我們隨緣自然，不加心力觀照也不散亂，久久之後自然成就三昧。

「次第收攝漸次圓，還同本相初觀月」，廣觀遍滿法界之後再收攝↓三千大千世界↓地球大↓再收亞洲一樣大↓再收攝台北一樣大，收如大大樓，收如房子大↓再收攝一丈，八尺↓四尺↓三尺↓二尺到面前一尺，再收攝還同本相的初觀月輪。

「漸次明空赤裸點，最深祕密本寂照，唯一明點不思議，現生頓空現本然」，再繼續收攝一尺、八寸、六寸、四寸、三寸、二寸、一寸、再來越來越小，漸次變小為明空赤裸的明點，最為甚深祕密本然寂照的唯一不可思議的明點，然後現前頓然空寂，再現前還為本然。這是斂觀的修法。

以上是廣觀與斂觀的修法。

月輪的斂觀修法

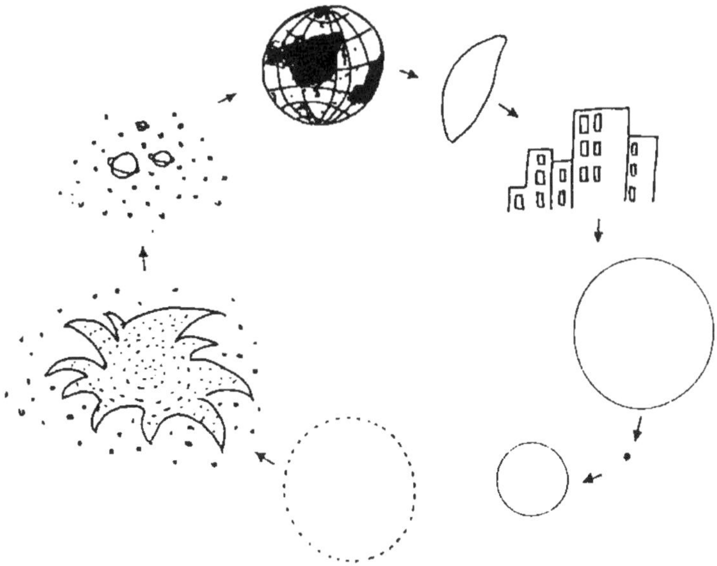

我們修此法，要注意一個現象：如果修到最後時月輪仍有圓周的存在，而不是遠離方圓，這表示心中還有障礙，有相互對立的障礙。所以當我們的我執徹底消除之時，此時就會跳脫出方圓的對立，當一切執著障礙消失的時候，方圓的對立便自然的消失。

另一個可能會遇到的情形是：擴展月輪時無法繼續開展，此時應該是檢討自己發心的問題，如果發心太小，就會產生此種障礙，使月輪無法擴展變大。所以「心」亦名為「心地」，我們常說心地廣大猶如虛空，所以如果心地不夠廣大是無法開展的。而要消除此障礙，最直接的方法便是發廣大的菩提心，了知空性，如此才能觀空如幻。

在光明方面，如果很清淨但是不夠圓潤、有力，這表示悲心不夠，我們要生起懺悔之心。

還有在修觀時月輪產生迷濛的現象，此時我們的心要不斷地研磨、澄淨來觀此法門，然後月輪愈來愈清淨，然後現前，甚至很清楚地跳出來。如此觀察，我們所修持的月輪觀才能如實。

「本來清淨大圓滿，自性如來勝供養，普周法界心中心，淨心現躍海印月，無間流水金剛禪」，體性月輪觀的修法，其實是本來清淨大圓滿的境界，這是對於自性如來殊勝的供養。是普周法界精要之精要，法界之心中心，惟一明點之明點，淨心現前躍生如海印之明月。

當我們修習月輪至遍滿之時，月輪清澈晶瑩、完全明澈和透明，如此的基礎成具之時，此時如果我們自身福德具足，便會現起海印三昧的境界，而安住於無間流水的金剛三摩地當中，無間流水念念住於體性的心月中。

「密境大密甚深密，本然不坐不可得」，這月輪的觀法真是密境、大密、甚深密，大家要如實地體會這本然一切現成，我們並不一定要安坐才會現起，於行住坐臥一切都可以如實，然而一切也都是不可得的。

「體性究竟常瑜伽，解脫眾障三摩地」，究竟之體性常安住於此妙性瑜伽相合，在此境界中，一切障礙自然消失，住於解脫一切蓋障三摩地中，得此三昧者，名為「地前三賢」——指十住、十行、十迴向的三十心菩薩。

五種三昧

「現前歡喜圓初地，五種三昧次第生」，證得解脫一切蓋障三昧，能自在周運心月輪，使月輪遍於法界，超出一切時空與心的障礙，此時便證得初地。因為證此法者，昔所來得，而今始得生大喜悅，所以名為初地，現前歡喜圓證初地。修習月輪觀會有五種三昧次第而生，以下我們從經文中來了解。

《無畏三藏禪要》記載：行者久久做此觀，觀習成就，不須延促，惟見明朗更無一物，亦不見身之與心，萬法不可得，猶如虛空。亦莫作空解，以無念等故，說如虛空非謂空想。由此可知，惟見明朗更無一物，所以亦不見身與心，但是亦不作空解，因為它是無念等緣故。如果以虛空解，那就是存有另外一個空想。

又經云：久久能熟，行住坐臥，一切時處，作意與不作意，任運相應無所罣礙，一切妄想，貪瞋癡等一切煩惱，不假斷除，自然不起，性常清淨。依此修習，乃至成佛，唯是一道更無別理，此是諸佛菩薩內證之道，非諸二乘外道境界。

作此月輪觀修，久久而能純熟，行住坐臥一切時處，無論我們的心是否生起作意或不作意，都能任運相應而無所罣礙，一切妄想、三毒煩惱都不假以斷除而自然不會生起，心性常存清淨。依據此法修習，乃至成佛，惟此一道更無別理。這是諸佛菩薩所共同內證之道，而非二乘外道的境界。

作是觀已，一切佛法恆沙功德，不由他悟，以一貫之自然通達，能開一字演說無量法，剎那悟入於諸法中，自在無礙，無去來起滅，一切平等，行此漸至昇進之相久自證知，非今預說所能究竟。作練習此觀法後，一切佛法恆河沙的功德，不由他法悟得，以一貫之自然通達諸法。

「能開一字演說無量法」，這一字是種子字「阿」字，或「唵」字等陀羅尼，由此一字開出一字法亦可演生多種妙法、無量法，我們在剎那之間可以悟入諸法，自在無礙，沒有去來起滅，一切平等平等，修行此法漸至昇進之相，勤久練習而自然證得悟入，不是現在預說所能夠究竟其深祕。

輸波迦羅三藏曰：既能修習，觀一成就已，汝等今於此心中，復有五種心義，行者當知：一者、剎那心，謂初心見道一念相應，連還忘失，如夜電光，暫現即滅，故云剎那；二者、流注心，既見道已念念加功相續不絕，如流奔注，故云流注；三者、甜美心，謂積功不已乃得，虛然朗徹，身心輕泰，翫味於道，故云甜美；四者、摧散心，為卒起精懃，或復休廢，二俱違道，故云摧散；五者、明鏡心，既離散亂之心，鑒達圓明一切無著，故云明鏡。若了達五心，於此自驗，三乘凡夫聖位可自分別矣。汝等行人初學修定，應行過去諸佛祕密方便加持修定法，一體與一切總持門相應，是故應須受此四陀羅尼。

輪波迦羅三藏即是善無畏三藏，他說修習此法之後，觀得一相成就，在我們心中會獲得五種心義：

一、剎那心：我們在剎那間初心見道，一念相應。就像剎那間看到阿閦佛國一樣，看到了就不見了，就速還忘失，宛如黑夜的電光，暫現即滅，這就是剎那。如果真的是這樣的剎那心，是見道位的境界。

但是，如果要嚴格地界定剎那心的三昧，它絕不是突然之間的意解，如果只是突然間了解一個見地，或是修行時得到某種覺受，這都不是真正的剎那心三昧。而真正的見道位、有證量的剎那心，亦可稱為「電光三昧」。

二、流注心：見道後念念不斷、相續不絕。剎那心是一點，而流注心是一點、一點的突破，到最後打成一片，相續不絕，如流奔注，所以稱為流注。

這是我們的心和法性流相應，慢慢打成一片的狀況。心和法性流互相繁複的交映，最後心被法性流住，叫流注心。

三、甜美心：受法性之流的流注後，所得的境界現象。我們不斷的積功、修行，打成一片之後，能夠虛然光明朗徹，整個身心十分輕安泰然，自然安住於這個境界之中，所以叫甜美。這時禪悅、法悅自然湧現。

四、摧散心：是要打破精進與休廢兩種不同的境界。真正要摧散的就是真俗二諦的相對待。因為猝起的精進與怠惰都是違背法性之道。偏於真諦或偏於俗諦都是違逆平等之道，所以要摧散，使真俗二諦匯歸一位。

五、明鏡心：離於一切散亂，通達圓明的境界。一切無著，自然大圓鏡智全然現起。這是明鏡心，其實這也是果地之境。

是否了達五心，行者可自己檢驗，三乘凡天聖位皆可自行檢驗，對於初學修定的行，應行這過去諸佛祕密方便加持的修定之法，一體與一切總持門相應，而授予陀羅尼。以上是五種三昧的次第生起。

在《大乘本生心地觀經》中亦有五種三昧的記載。前者的「剎那心」在此是「剎那三昧」，「流注心」是「微塵三昧」，「甜美心」是「白縷三

五種心對應五種三昧

剎那心：剎那間初心見道，一念相應 ＝ **剎那三昧**

流注心：見道後念念不斷，相續不絕 ＝ **微塵三昧**

甜美心：受法性之流的流注後，所得的境界現象。 ＝ **白縷三昧**

摧散心：打破精進與休廢兩種不同的境界 ＝ **起伏三昧**

明鏡心：離於一切散亂，通達圓明的境界 ＝ **安住三昧**

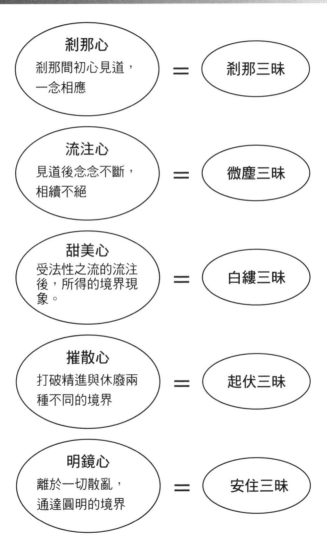

味」，「摧散心」是「起伏三昧」，「明鏡心」是「安住三昧」。

在《大乘本生心地觀經》中解說五種三昧：

云何名為剎那三昧？謂暫想念滿月而住。譬如獮猴身有所繫，遠不得去近不得停，唯困飢渴須臾住止；凡夫觀心亦復如是，暫得三昧名為剎那。

我們暫時觀想滿月而安住，這就譬如一隻獮猴被綁住了，遠處不得去，近處不能停。凡夫的心就如獮猴一般，凡夫觀心也是如此，這是剎那三昧，與「剎那心」同。

云何名為微塵三昧？謂於三昧少分相應。譬如有人常自食苦未曾食甜，於一時中得一塵蜜到於舌根，增勝歡喜倍生踴躍更求多蜜；如是行者經於長劫食眾苦味，而今得與甘甜三昧少分相應，名為微塵。

微塵三昧是於三昧少分相應。好像有人一天到晚都是吃苦的食物，未曾嚐過甜食，忽然一時舌根嚐到甜蜜，心中歡喜踴躍而希望獲得更多的甜蜜，就如同行者於長劫以來食得諸眾苦味，而今得致甘甜三昧少分相應，稱微塵三昧。

云何名為白縷三昧？謂凡夫人自無始時，盡未來際，今得此定。譬如染皂多黑色中見一白縷，如是行者多於生死黑闇夜中，而今方得白淨三昧，名之為縷。

白縷三昧是謂：凡夫自無始劫以來，盡未來之際，今得此定。就譬如被染皂黑色的衣服中，看見一條白色的線，如同行者多生死於黑闇夜中，而今獲得白淨三昧，名之為縷，就如同在闇黑的法界中，得致此三昧。

云何名為起伏三昧，所謂行者觀心未熟，或善成立未善成立，如是三昧猶稱低昂，名為起伏。

謂行者觀心尚未成熟，有時善成立、有時未善成立，沒有定位，如是三昧猶稱低昂，是名為起伏，與「摧散心」意思相同。

云何名為安住三昧？修前四定心得安住，善能守護不染諸塵，如人夏中遠涉沙磧備受炎毒，其心渴乏殆無所堪，忽得雪山甘美之水、天酥陀等，頓

除熱惱身意泰然；是故三昧名為安住。入此定已遠離惑障，發生無上菩提之芽，速登菩薩功德十地。

安住三昧是修習前四定而心得安住，善能守護而不染諸塵垢，好像夏天去沙漠受到炎熱災毒，其心飢渴困乏殆無所堪，忽然得致雪山甘美之水、甘露等，頓然熱惱消除，身心泰然，是故此三昧名為安住。入此定則遠離疑惑障難，發生無上菩提的根芽，速登菩薩功德十地。

在《大乘本生心地觀經成佛品》中記載：

爾時，薄伽梵能善安住清淨法界，三世平等無始無終，不動凝然常無斷盡，大智光明普照世界，善巧方便變現神通，化十方土靡不周遍。是薄伽梵告文殊師利菩薩摩訶薩言：「瑜伽行者觀月輪已，應觀三種大祕密法，云何為三？一者心祕密，二者語祕密，三者身祕密。云何名為心祕密法？瑜伽行者觀滿月中出生金色五鈷金剛，光明煥然猶如鎔金，放於無數大白光明，以是觀察名心祕密。云何名為語言祕密？

唵　地室多　婆爾羅

此陀羅尼具大威力，一切菩薩成佛真跡，是故名為語言祕密。云何名為身祕密法？於道場中端身正念，手結引導無上菩提最第一印，安置胸臆心月輪中。」

這是從淨菩提心三昧中所演生出的修法：三種大祕密法，這是身、語、意三密的加持。以上是五種三昧。

「三月等引至究竟，久久純熟法性盡」，什麼是「三月等引」，三月等引即是初月，這是出自《大日經》卷三，在此引用一些偈頌，讓大家了解在《大日經》裡月輪觀的稱謂。

在《大日經》中稱之為鏡曼荼羅，它變成如同一個圓鏡一般，稱為鏡月輪。經中云：「於鏡漫荼羅，大蓮華王座，深邃住三昧。總持髮髻冠，圍繞無量光，離妄執分別，本寂如虛空。於彼中思惟，作攝意念誦，一月修等引，持滿一洛叉。是為最初月，持直言法則，次於第二月，奉塗香華等，而以作饒益，種種眾生類。又復於他月，捨棄諸利養，時彼於瑜伽，思惟而自在，願一切無障，安樂諸群在。」

此中有一月、二月還有他月，為什麼稱為三月呢？即是本尊觀，月輪初成就，所以稱為初地淨菩提心在，那第二月即是大悲根本位，從第二地到第七地，稱二月；三月則是他月，方便究竟位，從八地到十地。所以淨菩提以大悲為根本，方便為究竟。這是《大日經》所顯示的。所以「三月等引至究竟，久久純熟則法性盡」。

「現前密付具緣者，普賢如來自然證，全觀淨照果身德，妙明圓滿見全佛」，現在將此殊勝的月輪觀，密付於一切具緣者，修持此法能夠自然成就證得金剛界的普賢如來，法界現前的大日如來即是法身佛，我們全觀淨照，成熟圓滿果身之勝德，妙明圓滿能夠現見眾生圓滿成佛。

第六章　阿字正觀

入於阿字正觀，我們依「阿字體性頌」如實觀想修習。

阿字體性頌

無生阿字真言王　體具一切真言心
法性究竟本不生　緣起極祕法界本
體性法界同圓具　現成長阿住本空
圓滿胸臆體性輪　普賢心月圓滿現
無初無住法然體　赤露明空無生滅
無雲晴空滿秋月　胸臆心輪若蓮華

白蓮八瓣正開敷　本心妙華祕標幟
蓮臺實相自然智　華葉大悲勝方便
台上阿𑖀字法然現　阿字月輪密種子
月輪阿字淨明光　阿字月輪同一體
現觀自身成阿字　阿字如實體性心
心境不二緣慮絕　月輪性淨離貪垢
清涼去瞋恚熱惱　光明現照愚癡闇
三毒淨盡離眾苦　生死自在住本然
一肘如量淨月輪　阿字妙義如實觀
法爾一切本不生　或具三義有、空、不生
本初緣起勝妙有　法無自性現前空
空有一如本無生　不生不滅常住阿
現成大日法身體　初心生死輪迴絕

行住坐臥不離阿　頓然法界體性身
或觀五義十妙義　百義眾義無量義
六塵文字十界義　法身實相真妙義
色聲文字無非阿　法然隨緣現實相
見本不生具佛智　現前如實知自心
即身成佛本不生　諸法從本不生滅
煩惱不生菩提空　一切智智現前證
法界緣起一切法　毘盧遮那法界身
十方通為一佛國　全佛法界大圓滿
究竟清淨菩提心　所對眾緣大日身
妙引心月法爾住　本然菩提阿字廣
理智清涼法界相　自生自顯自廣大
二尺三尺如四尺　漸增廣大如實觀

月密阿字如虹絲　赤裸最密最寂明
惟一明點本法性　法界當體極大空
一體速疾力三昧　普賢因果大法身
現成一肘次第現　平常安住阿字明
恆現如實空阿字　二六時中淨菩提
或觀阿字無見頂　神牛降乳壽持明
無生阿密注中脈　法界體性金剛明
不忘菩提心三昧　隨生心身自清淨
阿字聲示本不生　無初自然隨命息
不見身心因緣起　中脈智氣等大空
堅住金剛性體中　耳根清淨自耳持
六大聲響十界語　六塵文字法身相
出入如幻長阿定　發聲蓮華金剛誦

三摩地念光明誦　長壽持明阿息觀
息息阿阿無可住　無出無入大阿空
無生無滅實相阿　真如大日法界身
阿字音聲法界密　帝網重重海印定
圓頓阿字現法身　常寂光中金剛定
阿字義息相大悲　法界全同阿海印
全佛圓頓不離阿　普賢如來不行到
全圓妙果四法身　普賢法界阿不生

「無生阿字真言王，體具一切真言心」，「真言王」與「一切真言心」是在《大日經》卷二、卷六中，對阿字的讚歎。

無生的阿字是真言之王，因為從無生阿字之後，一切真言能夠次第現前，出生一切真言句；在體性上，阿字具足一切真言之心。

「法界究竟本不生，緣起極祕法界本」，阿字就其根本義而言，是究竟本不生之義，但在緣起上卻是極祕密法界的根本；一是屬理上的法性祕密，一是屬事上的緣起祕密，於理、事上二者同時相應。

以佛法而言，阿字是一切事物的根本，萬物皆匯歸於阿字，但是其本體亦是不生不滅。

就阿字的體性而言，是本不生，卻能夠出生萬象之理，能夠開顯自性的菩提心，顯示諸法本不生之義。

當我們通達阿字觀法後，便能夠成就無量的福德智慧、開啟我們本具的心眼。眾生的心眼未開，其原因是心脈堵塞了；賢聖者是少分開啟；而佛陀則是心眼全開。

所以，當我們心眼全開之時，也就圓滿佛果了！亦是成就大日法身的果德。

所以修持阿字觀，是即身成佛、頓證菩提的捷徑，這是空海大師極為推

阿字本尊像

崇的法門。

當我們觀修阿字時要注意兩點：一個是菩提心的觀照，一個是義理的思惟。此二者同時具足，才能成就阿字觀。

在月輪觀的修法中，月輪代表淨菩提心；而阿字觀的基礎，即是建立在月輪觀之上，阿字觀同時包含了月輪、蓮花及阿字。

以阿字而言，阿字也是菩提心的種子，所以當我們觀修阿字時，阿字就是本尊，而蓮花、月輪為其三昧耶形。

而菩提心是六大（地、水、火、風、空、識）的體性，是法性本然的菩提心。它具足六大的妙德，理智雙運不二的特質；同時蓮月上觀阿字，其蓮花代表胎藏界的「理法身」，而月輪則是代表金剛界的「智法身」；由是阿字發展至後來，則為理智彌合、同體不二的大日法身。

「體性法界同圓具，現成長阿住本空」，阿字的體性圓同法界現成具足圓滿，此時我們安住於阿字的體性當中，在剎那間，我們現成住於長阿的明空定之中。

阿字聲觀法

現在我們可以練習一個簡單的阿字三昧的修法：

首先將我們的身心放鬆，安住於毘盧遮那七支坐法。

現在我們耳朵所聽到的一切音聲都是阿字聲。

耳中所聽到的都是阿字聲，所有的身心全部都化為阿字聲。

漸漸地，身心都消失了。

整個法界只剩下阿字聲。

在長阿聲中，所有煩惱都消失了，任何的對待分別都沒有了，就安住於這長阿聲中。

出定時眼睛慢慢睜開。

這個阿字聲的修法，修持到最後時，我們的身心、呼吸一切都是阿字聲，每個細胞、整個身心至法界都是阿字聲。

做了以上的練習，是否有感覺阿字在氣脈中遊走呢？有些人做此練習時，手腳的支分有渾厚的感覺，心中也感覺很渾厚，這是因為阿字𑖀在五輪中屬於地輪，地大的種子字亦是阿𑖀字，所以修阿字觀亦可證得地大三昧。

當我們身體疲累時，練習此法精神體力會較充沛；若是心情浮躁時，練習阿字聲，精神較容易集中；常常練習，不僅壽命會增長，而且能夠成就世

阿字聲觀法

1. 安住於毘盧遮那七支坐法

2. 耳中所聽聞的一切音聲都是阿字聲

阿字聲觀法

3. 身心全部都化作
阿字聲

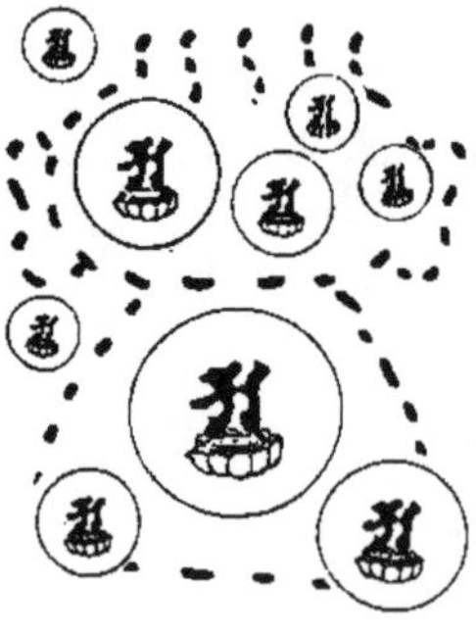

4. 漸漸地，身心都
消失了

阿字聲觀法

5. 整個法界都是阿字聲

6. 在長阿聲中，所有的煩惱、對待分別都沒有了

7. 出定時，眼睛慢慢睜開

出世間悉地。所以此方法不只是在靜坐時練習，隨時隨地都可練習。

特別是當身體出現障礙、疾病時，在患病的部位觀想阿𑖀字，阿字音波震動光明照耀，能對病情的平復能有所助益；但是要注意身體有疾病仍須就醫，若能再加上觀想修法，更能幫助健康的恢復。

這些方法，無論世出世間都可適用，而且可以修至圓滿果地，希望每一個人都能精勤修持、受用。

阿字觀想次第

「圓滿胸臆體性輪，普賢心月赤裸現」，在長阿聲中，我們的胸臆間豁然現起了圓滿的體性月輪，普賢的心月輪赤裸顯現，「普賢心月」即是淨菩提心的心月輪。

「無雲晴空滿秋月，胸臆心輪若蓮華」，我們的菩提心月，如同在無雲晴空中的圓滿秋月一般皎潔明亮；心輪為八葉白蓮。

我們觀想胸臆間圓滿淨月輪，這淨月輪是淨菩提心；相應於三身而言，月輪代表化身，我們心輪的八瓣心脈是指八葉白蓮，喻為中台八院，可表為報身；再加上我們心意識的心，是為法身；則月輪、心輪、蓮華三者表法、報、化三身圓具。

我們觀想月輪，即是心意識與淨菩提心結合；月輪上現起八葉白蓮，是淨菩提心的心念進入了心輪；再打開諸身氣脈，而形成七萬二千脈；至此，身、語、意都隨之開發通解，因而法、報、化三身也都在此成就。

「白蓮八瓣正開敷，本心妙華祕標幟」，八瓣的白色蓮華正開敷著，這本心殊妙的白蓮是祕密三昧耶形，這祕標幟是指三昧耶形。

三昧耶形是密法中不可欠缺的觀法，在四種曼荼羅中，三昧耶曼荼羅即是代表諸尊的各種標幟，來表達諸尊的本誓；另外還有法曼荼羅，即是種子字；大曼荼羅是諸尊的莊嚴妙身；而羯磨曼荼羅則為諸尊的行業。

三昧耶形若以現代的說法，就如同各大公司的C.I.（企業形象），代表著各公司的標幟與形象。所以這些標幟、三昧耶形都有其代表的內意，如果內在涵義不具足，就沒有標幟的存在意義。

「蓮臺實相自然智，華葉大悲勝方便」，殊妙的蓮華台座是代表著實相的自然智慧，「自然智」即是無師智，也就是無相智，是我們本然具足的實相智慧。

以這妙華蓮臺為標幟、三昧耶形，而當蓮華開敷時，我們的實相智慧便自然顯現，蓮華葉的涵義代表著大悲心的殊勝方便。

「臺上阿字法然現」，蓮臺代表著實相的本然智慧，蓮葉是殊勝的大悲方便，二者悲智雙運，蓮花開敷法然現出無生的阿𑖀字。

我們依次第如實觀想，在我們的胸臆間有一圓滿明朗的月輪，月輪中白色蓮華，殊妙的白蓮盛開著，赤裸、清楚的阿𑖀字法然現前。

在此我們可以觀想金色的阿𑖀字，阿字如水晶一般通透明亮。觀想清楚，最好能觀想成立體的形狀。

阿字觀想次第

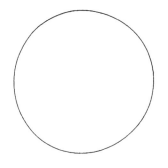

1. 觀想胸臆間圓滿淨月輪

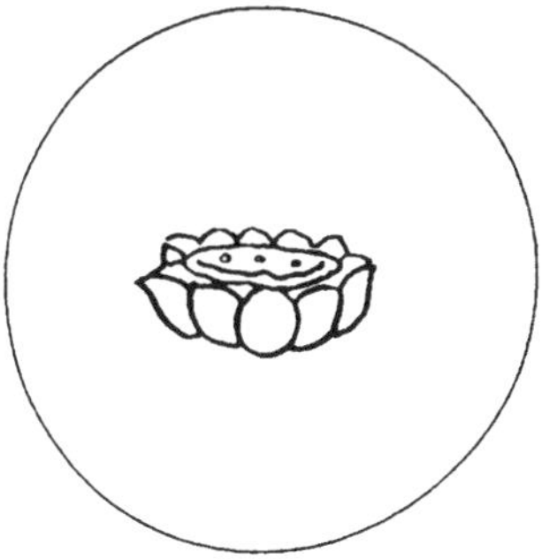

2. 月輪上白色蓮華

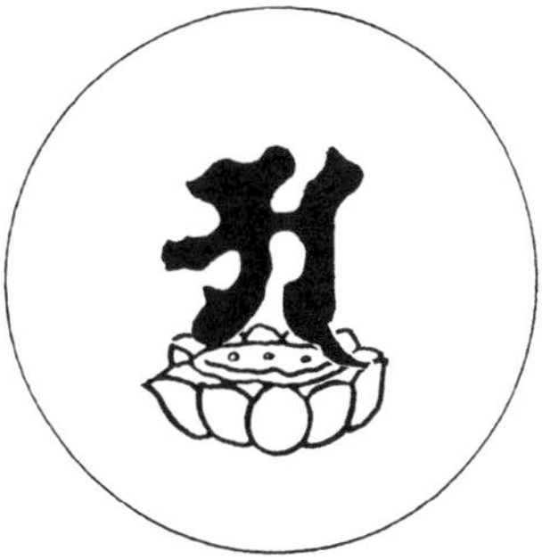

3. 蓮華臺上現出無生阿字

如果我們由上往心輪的方向俯瞰：蓮華盛開，中心是平坦的蓮台，而一金色的阿字立在蓮台上，正面朝外。

「阿字月輪密種子」，阿字、月輪清淨明朗具足圓滿明光，二者圓具同體性，只是在緣起上示現差別的外相，其實他們都是一體，是祕密的種子。

融入阿字的方便修法

現在教授一個殊勝方便的修法——融入阿字。這是身心一起消融為阿字的方法。這是我個人修持的心得，供養給有緣大眾實修參考。

如實觀想胸臆間圓滿明朗月輪，月輪上有蓮華，蓮華上有金色阿字。如同前面的觀想步驟。

這方法的要領是將身體凸出的部分皆向內融入，而融入的感覺就像鎔金一般，以蠟燭為例來更具體的形容。

大家觀察點燃的蠟燭，靠近蠟燭燈蕊的部分佈滿了蠟油，而蠟燭一直向內融化。

我們身體各部分，向內融入的感覺，大家可以觀察蠟燭或鎔金便可以體會，有助於修持方便。

另外，當身體各部分融入時，如果方法純熟則可以同時一起融入；初修時，則可分別一一融入。

現在我們開始練習這殊勝方便的方法：首先我們身心放鬆，安身端坐毘盧遮那七支坐法，觀想胸臆間有月輪、蓮華、金色阿字。

我們由頭髮開始融入，從髮端向髮根的方向融入，利用前面的要領，髮絲如金柱般融入，中央有點空心，而由外往內流，大家可參考圖示。注意，不要計算頭髮的數目，如實觀想即可。

現在，頭髮融入就如同出生的嬰兒般沒有毛髮，繼續融入，由頭頂往內融。頭皮、頭骨、腦髓、眼睛等五官全部融入，頭已全部融入至頸部。

手指頭往內融，融入手掌→手腕→手臂→關節→大臂，現在手臂已融入身體了。

腳趾頭往內融，融入腳掌→足踝→小腿→膝關節→大腿，現在腿部已融入身體。

生殖器官同樣融入小腹，腹部的器官全部由下往上融入。我們的頸部融入胸部，胸腔的器官全部由上往下融入。

一直融入，融到金色的阿字，身體全部都消失了，只剩下清清楚楚的金色阿字。

修習這個方法，身心會感覺很舒暢，但是不要因此而產生執著，反而生起障礙；若是身體上有任何障礙，練習此法障礙亦能消融。

練習這個融入的方法，可能會有一些現象產生：身體會感覺變得比較小；逐漸地會變得更年輕，皮膚會比較細嫩、緊繃。

常常練習此法，會有明點增盛的現象，會如嬰兒一般氣機充滿，身體諸根會開始有明點越來越充滿的感覺，全身的肌膚會慢慢轉變，變得更富生機、柔軟、飽足，甚至會有舍利外現的現象。

佛陀的紫摩金身，則是此現象的真實展現，佛陀遍身現起一點一點的金色明點，在陽光照耀下，全身金光晃耀生輝。

前面我們介紹聽聞阿字聲的方法，我們再複習一次。

耳朵聽聞阿字聲，耳朵裡都是阿字聲。

全身每一個細胞都是阿字聲。

所有的身心，全部都化成阿字聲。

此時，身心都消失了。

整個法界都是阿字聲。

這方法亦可運用於修觀「百字明」，當我們念誦至最後一個字「阿」時，即是長阿一聲住明空。

融入阿字的方便修法，則是將全身融入成為金色的阿字，以上兩個方法都能夠使我們健康長壽。

融入阿字的方便修法

1. 身心放鬆，安身端坐毘盧遮那七支坐法

2. 觀想胸臆間有月輪、蓮華、金色阿字

3. 身體全部融入於金色的阿字

融入阿字的方便修法

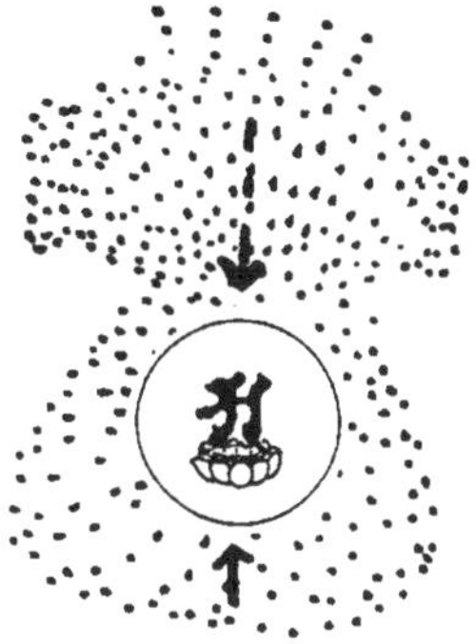

4. 身體已全部融入，只剩下清楚的金色阿字

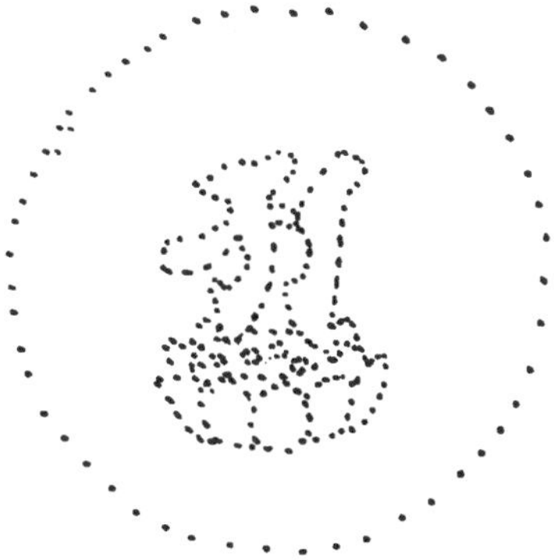

5. 長阿一聲住明空

融入唯一明點

再介紹一個融入的方法，是融入唯一明點。這是繼續融入阿字方便，再融入成為唯一明點的方法。

當我們的身體融入成為金色阿字時，接著阿字也融入了，融入於心輪的中心，融入直到最後唯一明點不思議，到最後深祕的明點化空——，安住於空明寂滅的境界中。

同時這個方法也可運用於「觀空」的修法中，然後就接著後續的觀想步驟修法。

譬如偈頌中「現成長阿住本空，圓滿胸臆體性輪」，這是由於我們體悟無生阿字的體性，而現成安住於長阿的明空定中，豁然在胸臆間便現起圓滿的月輪。

若是我們依融入阿字方便，接著融入唯一明點的方法來修持，最後唯一

融入唯一明點

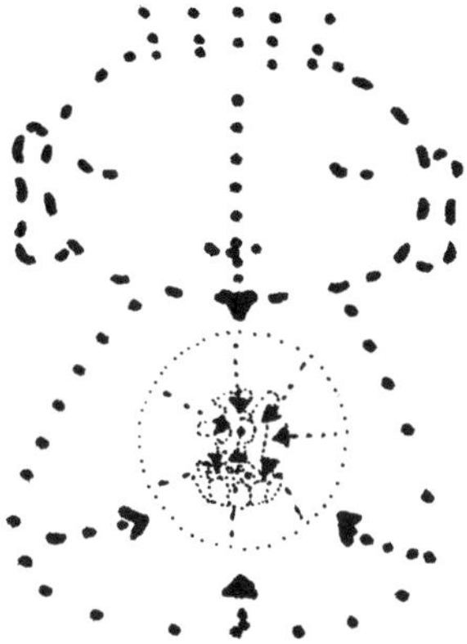

明點化空。彈指間，圓滿月輪朗然現前，整個法界就是一輪如圓滿明朗的秋月。接著月輪中，現起八瓣白色蓮華，中央蓮臺座，蓮臺上現出金色阿字赤裸明顯，金光晃耀。

這月輪與阿字，二者是一體透明的，就如同水晶中包容著水晶，在光明中有著霓虹的感覺，二者都是很清楚明亮；亦是如同金剛鍊光的現起，就像在光明的太陽中有許多更晶亮的亮光。這也就是金剛鍊光所現起時的狀態。

這金剛鍊光現起的本然狀態，

用簡單的話語來說，這是我們本來就具有的本然現象。

在此直接指示本然，希望見者能現證本然，在豁然間跨越無量劫的障礙，頓然現見本然。

「月輪阿字淨明光，阿字月輪同一體」，月輪阿字清淨的明光，阿字月輪同為一體，是水晶包容著水晶的感覺，水晶是清淨明亮的，這清淨明光就如同光源照著水晶時所發出的光芒，「月輪阿字淨明光，阿字月輪同一體」是這種感覺。

「現觀自身成阿字，阿字如實體性心」，現觀自身現成阿字，無生的阿字是如實的體性之心。

「心境不二緣慮絕」，此阿字是心與境無二無別，而且絕除一切緣慮。

「月輪性淨離貪垢，清涼去瞋恚惱，光明現照愚癡闇」，這三句偈是說明「月輪三義」：一是性淨離貪垢，二是清涼去除瞋恚熱惱，三是光明現照，遠離一切愚癡闇冥。所以月輪體性清淨遠離貪垢，去除瞋恚熱惱，月輪光明現照而遠離一切愚癡闇冥。

「三毒淨盡離眾苦，生死自在住本然」，我們如實觀照之後，貪、瞋、痴三毒煩惱會自然還得清淨，而且使我們遠離一切眾苦，讓我們超越生死大海，得致廣大的自在，而安住於本然的法性之中。

「一肘如量淨月輪」，「如量」是恰如其量，一肘恰如其量的清淨月輪。

當一肘的月輪之相現起，在此階段我們可以繼續下面的修法，或是修習月輪的廣觀與斂觀的方法。

如實觀察阿字妙義

「阿字妙義如實觀」，我們修習任何法門，都要以我們的身、語、意來修持，所以當我們修習阿字觀時，我們當然不是單純觀想一個相而已，還要以我們的身、語、意來與之相應。所以，現在讓我們如實來觀察阿字的妙義。

首先我們觀察阿字的根本妙義。

如果我們以印度人的眼光來觀察，體受會更直接而深刻，因為印度人清楚地知道：阿字是一切字的母音，一切子音的起始。

當我們觀察嬰兒出生時，可發現嬰兒張口即是阿……，各種不同音律的阿聲。

舒解脈結的阿字

而當我們心中有不愉快時，大叫一聲「阿」，也能舒解情緒，使身心更為舒暢。

再則當我們的中脈開發時，自然由中脈發出阿聲振動；如果中脈尚未開發，我們所發出的「阿」字聲，則會逐漸把我們沉寂糾結的脈打通。

所以當我們的心輪覺得很緊、很悶不舒服時，就可以運用阿字來舒解。

如果口念阿字，而心輪仍然感覺悶住，此時我們練習的方法，要以心輪的脈為主體，在心中觀想將每一個脈結都打開，然後發出「阿……」，如此心輪的脈結自然舒解開暢。

練習「阿」字聲，並不一定要口出聲音，在自心中觀想，亦可達到練習的目的；如果是練習發出聲音，也不需要很大聲。

在此這個「阿」字並沒有什麼特別意義，只是其音聲在緣起上與人體的本能有密切的關係，然後再加上我們所付予形意上的意義，所以在因緣上也產生了存在的緣起意義。

在密法中，也引用了阿字為第一個字母的緣起，將其字義的緣起加以思惟：一切字母皆由阿字生起，而付予阿字本不生之義。

《大日經》卷二中：「**云何真言教法？謂阿字門，一切諸法本不生故**；」此經解釋阿字為諸法不生之義，表萬有發生的原理。

在《秘藏記》中，有記載「阿吽」的解釋，空海大師則解吽字為：「一切如來誠實語，（中略）念念具薩波羅智，直至究竟坐金剛座。」表吽字為一切智德的歸結之義。

善巧運用唇舌相觸的音聲

因此阿𑖀吽𑖮𑖳𑖽二字也表顯金剛界、胎藏界曼荼羅，理法身、智法身之德。嗡字表皈命趣入義。所以密法常以嗡、阿、吽三字來代表如來的種子字。

此外，「阿」字是《大日經》的種子，「吽」為《金剛頂經》的種子；「阿」為大日如來的種子，「吽」為金剛薩埵的種子，或是金剛部的阿閦佛，也常以「吽」字為種子字。

另外「阿」表菩提心義，為求正覺的起點；「吽」則為涅槃之義，是菩提心的結果。

「阿」字亦表出息之風，是一切眾生性德本具的自證；「吽」表入息之風，為一切眾生性德本具的化他；前者是自覺，後者是覺他。

「阿……吽」、「吽……阿」或者「嗡阿吽」，這些是修行的利器，運用得當，對我們身、息、心三者的調和，有極大的助益。

在某些狀況下，需要降魔、伏魔，或是遇到障難需要破除；這些方法都很有助益。不假循誘，純任自然，脫口而出，剎那間立斷一切。

這唇舌相觸所出的音聲，大家可以善巧用之。

我們如實思惟觀察阿字的妙義，阿字是法爾一切本不生，這在《大日經》卷二中明確記載：「一切諸法本不生」。

阿字是真言心，也是此經所記：「祕密主！是等一切真言我已宣說，是中一切真言之心，汝當諦聽！所謂阿字門，念此一切諸真言，心最為無上，是一切真言所住，於此真言而得決定。」

在《大日經疏》中云：「凡最初開口之音皆有阿聲，若離阿聲則無一切言說，故為眾聲之母。」

諸法不生是實相義，是法性義，眾生初開口之聲則為緣起義，從緣起迴繞至法性義；阿字在緣起及法性二者皆具足，所以「法爾一切本不生」。

阿字三義

「或具三義有、空、不生」，有時以三義來表達阿字：空、有、不生三義。

在各個經典中，對阿字義有各種不同的解義。

在《大方廣大集經》中云：「**阿是無常義。**」在《大涅槃經》云：「**無迫害，不留之義。**」在《大寶積經》云：「**無作、無分別、無自性、不可思議。**」在《守護國界主陀羅尼經》云：「**有菩提心法門；無二、法性、自性、自在、法身。**」這是阿字七義，有百義，甚至無量義。

在空海大師的《阿字觀用心口訣》中記載：「**此阿字有：空、有、不生三義。空者，森羅萬法皆無自性，是全空也。然依因緣假諦現，萬法歷然有**

之。譬如意珠湛七珍萬寶，而如隨緣降寶。破玉，見中一物無之，雖然隨緣生，寶非無，是以知：空有全一體也。是云：常住，常住則不生不滅也。是名阿字大空，當體極理。然我等胸中此字觀，自然具足此三義，具此三義者，即大日法身也。」

阿字有三義：空、有、不生。空是森羅萬法都無自性，是全空，依因緣假而一一現起，萬法明明朗朗是為有，但其實都是隨著因緣而生起，所以空、有一體。

這「空有一體」即是空海大師所說的：常住義，是不生不滅，假有全空。

空海大師亦是依止天台智者大師所說的空、假、中三觀。所以常住則不生不滅，則名為阿字大空，當體極理。

當我們在胸臆間觀想阿字時，此阿字是要具足空、有、不生三義，具足此三義是名為大日法身。

當我們思惟阿字的義理時，也就是在觀察大日法身。基本上，義理的思惟也是一種念佛三昧的方法。

阿字的義理相當多，在中國，阿字觀的修法都已消失了。反而在日本，阿字觀的修法發展甚為盛行。在覺鑁上人的《一期大要祕密集》中，則將阿字列出十義：一、平等義。二、無別義。三、無生死義。四、本不生義。五、無始義。六、無住義。七、無量義。八、無我義。九、無為義。十、無闇義。

阿字百義

如果讀者對阿字義仍有興趣，可參考《守護國界主陀羅尼經》中的阿字百義：「若諸菩薩深入如是一字聲門，一切諸法悉入此門，即從此門出生，演說一切諸法。且初第一說婀字門，出生無邊無數法門。所謂：

阿者一切法無來，以一切法體無來故；又阿字者，一切法無去，以一切法體無去故；又阿字者，一切法無行，體無行故；又阿字者，一切法無住，體無住故。

又阿字者，一切法無本性，體本清淨故；又阿字者，一切法無根本，體初未生故；又阿字者，一切法無終，體無初故；又阿字者，一切法無盡，體無去處故；又阿字者，一切法無生，體無行故；又阿字者，一切法無出，體無作者故。

又阿字者，一切法無求，體無相故；又阿字者，一切法無礙，體相涉入故。

又阿字者，一切法無滅，體無主宰故；又阿字者，一切法無行處，體無願故。又阿字者，一切法無生死，體離分別無分別故。

又阿字者，一切法無言說，體極聲入故；又阿字者，一切法不可說，體無聲故。

又阿字者，一切法無差別，體無處所故；又阿字者，一切法無分別，體清淨故；又阿字者，一切法無心意，體不可求故；又阿字者，一切法無高下，體本平等故。

又阿字者，一切法不可解，體如虛空故；又阿字者，一切法不可說，體過言道故；又阿字者，一切法無限量，體無處所故；又阿字者，一切法無生，體無生處故；又阿字者，一切法無本淨，體本無相故。

又阿字者，一切法無我，體即我性故；又阿字者，一切法無眾生，體本清淨故；又阿字者，一切法無壽者，體無命根故。

又阿字者，一切法無補特伽羅，體離所取故；又阿字者，一切法無本空，體性寂靜故；又阿字者，一切法無相，體性實無際故；又阿字者，一切法無和合，體性無生故；又阿字者，一切法無行，體本無為故；又阿字者，一切法無為，體過行無行故。

又阿字者，一切法不共，體無能解人故；又阿字者，一切法無聚會，體無積集故。又阿字者，一切法無出，體無出處故；又阿字者，一切法無本性，體本無身故；又阿字者，一切法無相，體相本淨故。

又阿字者，一切法無業，體無作者故；又阿字者，一切法無果，體無業道故；又阿字者，一切法無種植，體無種子故；又阿字者，一切法無界境，體不可取故；又阿字者，一切法無地界，體無諸結故。

又阿字者，一切法無縛，體本散滅故；又阿字者，一切法無聚散，體本無為故；又阿字者，一切法無漏，體惑不生故；又阿字者，一切法無自生，體初無生故；又阿字者，一切法無濁，體無有對故；又阿字者，一切法無對，體本無作故。

又阿字者，一切法無色，體無大種故；又阿字者，一切法無受，體無受者故；又阿字者，一切法無想，體過諸相故；又阿字者，一切法無行，體離有愛故；又阿字者，一切法無識，體無分別故；又阿字者，一切法無界，體空平等故。

又阿字者，一切法無入，體過境界門故；又阿字者，一切法無境界，體無去處故；又阿字者，一切法無欲，體離分別故；又阿字者，一切法無色，體無根本故；又阿字者，一切法無無色，體難思見故。

又阿字者，一切法無亂，體無可亂故；又阿字者，一切法不思議，體不可得故；又阿字者，一切法無意，體本無二故；又阿字者，一切法無不可執受，體過境界道故；又阿字者，一切法無阿賴邪，體無因緣故。

又阿字者，一切法無常，體本無因故；又阿字者，一切法無斷，體不礙因故；又阿字者，一切法無名，體無相貌故；又阿字者，一切法無離，體不相入故；又阿字者，一切法無往，體無住處故。

又阿字者，一切法無熱惱，體無煩惱故；又阿字者，一切法無憂惱，體無惡業故；又阿字者，一切法無習氣，體本無垢故；又阿字者，一切法無垢，體本清淨故；又阿字者，一切法無本清淨，體無形質故。

又阿字者，一切法無體，體無依止故；又阿字者，一切法無依止，體無動作故；又阿字者，一切法無動，體離執著故；又阿字者，一切法無障礙，體同虛空故；又阿字者，一切法同虛空，體無分別故；又阿字者，一切法無色相，體無境界因故；又阿字者，一切法無顯示，體皆相似故；又阿字者，一切法無相似，體無境界故；又阿字者，一切法無境界，體如虛空常平等故；又阿字者，一切法無闇，體無明故；又阿字者，一切法無明，體無對故。

又阿字者，一切法無過，體妙善故；又阿字者，一切法無是，體無妄故；又阿字者，一切法無開解，體無動故。

又阿字者，一切法無見，體無色故；又阿字者，一切法無聞，體無聲故；又阿字者，一切法無嗅，體無香故；又阿字者，一切法無嘗，體無味故；又阿字者，一切法無觸，體無所觸故；又阿字者，一切法無知，體本無法故。

又阿字者，一切法無念，體離心意識故；又阿字者，一切法不思議，體性菩提平等平等無高下故；又阿字者，一切法寂靜，體本不生亦不滅故。」

阿字有三義、七義、十義、百義，乃至無量義，但總約而言，我們思惟阿字，總攝其根本意旨是：諸法本不生，由本不生而出生幻有全空，常住中道，不生不滅，一切無可住。以此來攝持阿字無邊的意旨。

行者可以依阿字百義來觀察思惟，而總持其意旨。

總持並不是意指將全部義理熟記，而是統攝教法的心要，而將其內容依線索而如理思惟，所以總持是需要無錯謬總攝其精要的。

因此我們研讀經典或法時，要體悟法界一切無非文字相，所以我們要能總持經典及修法的真實心要。

有些人認為藏密的法門是屬於無上瑜伽部，所以不需要修學東密的法門，顯教的法門更是不消說。但是這種觀念是有所偏頗的；西藏的行人因為不懂中文，所以依藏文修學，這是無可厚非；但是如果中國的行人放棄修學玄奘大師、鳩摩羅什大師、智者大師、空海大師等大師的法門，在情理上是有所不圓滿，而且相當可惜。

空海大師雖然是日本人，但是他的中文程度相當好，書法也寫得很好，有書聖之稱，他所寫的詩集，亦相當有名。空海大師在密法中佔有相當重要的地位。他曾經到過中國學法，至今也一千二百年了，而月輪觀與阿字觀亦是其宏揚的重要法門。如果想更加了解空海大師，可參考其著作《即身成佛義》。

總持阿字

「本初緣起勝妙有，法無自性現空前」，本初緣起是殊勝的妙有，妙有即是幻有，所以法本無自性而現前空。

「空有一如本無生，不生不滅常住阿」，空有一如本是無生，不生不滅常住於阿的體性中這二句是指不生。

所以以上四句偈所言的三者即是阿字的三義：空、有、不生。

行者依此三義思惟，當我們見到阿字時，豁然了悟：阿字，是一切法本不生之義，是真言之王、一切密咒之主；阿字為本初緣起義，而能出生一切幻化，能生萬法。

阿字法是無自性、現前空的，本自清淨，空、有一如本然無生，因此，我們應當體悟不生不滅而常住於阿。

何其自性廣大自在；何其自性圓滿無礙；看到阿字……就總持了阿字。因為當我們看了阿字，便能直接產生含有內義、有文字、有思惟、有總持、有力、有誓句、有圓滿、有成就、有行使而且無住的思惟，此時的阿字也可稱為標幟了。

「現成大日法身體」，當我們觀想的阿字，自然具足空、有、不生三義，即是現成大日法身體。

「初心生死輪迴絕」，雖然行者於初始之心修觀阿字，但是已經斷絕生死輪迴。當我們修行至見到阿字就能斷除生死輪迴，這亦可稱為「頓斷」的境界。

當我們親見阿字或者觀想阿字，如果仍然繼續輪迴生死，則表示我們尚未真實地見著阿字，因為我們未能真正了悟其內義。

所以當我們修習阿字觀漸趨純熟之後，若豁然間喊出「阿」字聲，或是見到整個虛空都是阿字，渾然成為一片，則顯示阿字觀的修學已有所成就。

「行住坐臥不離阿，頓然法然體性身」，阿字觀是易行易修的法門，能夠讓我們迅疾頓悟、成證清淨菩提。所以我們在行、住、坐、臥二六時中恆不離「阿」，思惟阿字之理，行阿字之行，呼吸是阿字之息，而身是阿字之身。

在初始的階段可能只是思惟，或是觀想阿字的字形，或是思惟阿字的義理，有時是觀想呼吸阿字息。因為初修時，各個觀想會分開，在行、住、坐、臥中，可能不能馬上融合；但是修鍊純熟之後，會逐漸地打成一片，而在剎那間，思惟頓斷，就現起圓滿現成的阿字。

這樣的境界是阿字的匯整，從聲阿字，息阿字，形阿字，義阿字，所有的阿字全部匯整為一。

此時，我們已具足阿字的身、語、意，而無生阿字會圓滿現前，這就是悟入阿字的境界，也是入於初地了。

同樣地，當我們修學念佛三昧時，初修時是先誦持佛號，稱名念佛；再來觀想佛的身相，觀相念佛；再來思惟佛的法身，觀想念佛；再來觀想實相的佛，實相念佛。

當我們初修時，是次第分明一個一個練習，或是次第觀察，初始時無法全部一起觀照，但是修鍊純熟後，則能同時如實觀照。

所以，當行者見到佛身現起時，是從內心了悟這就是實相。

但這不表示當我們看見一尊佛，就可稱此為實相；而是見到一尊佛，我們心中如實了悟、體悟這就是實相，而且心中不會產生執著，這就是現觀實相法身的佛陀。

了悟佛陀具足一切法身功德的微妙不可思議，而功德法身具足，這是實相念佛。在相上了了分明，這是觀相念佛。而在行者心中憶念不退，這是觀想念佛不會忘失彼佛之名稱，這是稱名念佛。

此境界就是四身佛同時具足，當我們修行至最後的境地，就能全部都自然匯融在一起。

「或觀五義十妙義，百義眾量無量義」，我們或是觀阿字的五義、十種妙義、百義、眾義、無量義。

「六塵文字十界義，法身實相真妙義」，是引自空海大師的《聲字實相義》：「**五大皆有響，十界具語言，六塵悉文字，法身皆實相。**」

五大（地、水、火、風、空）皆有響；十界（佛界、菩薩界、緣覺界、聲聞界、天界、人界、阿修羅界、畜生界、餓鬼界、地獄界）皆具語言；六塵（色塵、聲塵、香塵、味塵、觸塵、法塵）各有文字相。

對於色塵文字的差別，空海大師亦有一首偈頌：「**顯形表等色，內外依止具，法然隨緣有，能迷亦能悟。**」

這一切的顯現都是六塵的色相，是一切具足內外、依正二報；法然隨緣而有，意指隨緣不變；這已引用了天台及華嚴的法門：能迷亦能悟是一心二門，迷悟與證悟都在此。而法身皆是實相。

這真是大氣魄的字語，隨口捻來，具足踏破毘盧頂、踏破法界的氣魄。這殊勝的妙義，我們要如實思惟、體解了悟。

「色聲文字無非阿，法然隨緣現實相」，法界一切色聲、文字無非是阿字，法然隨緣而示現實相。

「見本不生具佛智，現前如實知自心」，當我們見到一切本來不生，現觀一切本不生，我們就具足了佛智，現前如實了知自心，也就具足菩提。何謂菩提呢？如同《大日經》中云：「**如實知自心。**」

「即身成佛本不生，諸法從本不生滅」，當我們如實了知自心，即證菩提，頓然即身成佛，亦是本不生，諸法從本以來就不生不滅了。

「煩惱不生菩提空，一切智智現前證」，能煩惱不生，證菩提亦是空，則一切智智便現前得證，這一切智智是指佛智。

阿字匯通一切

密教很重視傳承的法脈，因為重視傳承，所以一位密法持明成就者都是依自身所修證，親證得的祕密境界，清淨地傳承下去。

這傳承的初始就像長江大河的源流，原本是一條源流下來，後來就分成若干支流，而此傳承便由這些支流匯整而成。

同樣，胎藏界的形成也是如此細密地匯整出來，金剛界亦同。

金胎兩部（金剛界與胎藏界）比較清楚的匯整是在中國，由中國將此二部匯整，流傳至日本，所以日本才將此二法匯合在一起。

此中因緣，其實與不空三藏有很重大的關係，所以中國可以稱為密法的宗主之一。

密法傳到日本，由空海大師發揚光大，在空海大師的教法當中，除了將天台、華嚴的思想攝入，以金胎兩部完整合一的真言為中心。

其教法的脈絡，我們可以尋找出一些線索。例如阿字觀，在《大日經》中有所記載，在金剛界、胎藏界都有介紹，所以在《大日經》中云：「**毘盧遮那惟一此一字，唯一真言。**」

阿𑖀字代表胎藏界大日如來，其實也代表金剛界大日如來（而有時則以𑖪𑖽字代表金剛界），阿字在金胎兩部都有現起；所以由此可看出其匯整的痕跡。

在胎藏界中，毘盧遮那如來如實宣說：「我一切本初」，而金剛界毘盧遮那佛，也被稱為普賢如來，由此可看出金胎兩部的毘盧遮那佛還是匯整為一，是為普賢王如來。

大日如來具足理智二德，理者表胎藏界，智者表金剛界，是為金胎兩部。兩部下又分為事部、行部、瑜伽部，再加入藏密的教法——無上瑜伽部。

而無上瑜伽部幾乎是以金剛界為主，胎藏界的曼荼羅已經很少見了，幾乎是金剛界的大流，但是在其中，其實還是潛藏著胎藏界的教法，例如藏密寧瑪巴的法身佛普賢王如來，就與胎藏界大日如來，有很密接的關係。

因此慢慢地，毘盧遮那佛的地位，就被金剛部的阿閦佛所替代，而將金剛薩埵視為最重要的本尊，這是從外圍變成主位的轉變情形。

在胎藏界很清楚顯示大日如來是法身普賢，而在《大日經》中，毘盧遮那如來如實宣說：「我一切本初」。

很多人不了解，總認為普賢王如來是紅教所獨有，殊不知在東密的教法中，已經如實顯現。

這樣的脈絡發展，我們要了解，而在修法時，才能如理思惟，了解其演變因由，才能了解密法傳承的意旨。

我們修證到最後境界，以阿字來匯歸一切。

「法界緣起一切法，毘盧遮那法界身，十方通為一佛國，全佛法界大圓滿」，法界緣起在此所指的不是聲音、不是字形、不是字義，而是法界緣起的一切法，這法界一切都轉成阿字，即是本不生的毘盧遮那法界身，所有十方諸土都成為一個佛國，全佛的法界現成大圓滿，這就是阿字的滙通。

「究竟清淨菩提心，所對眾緣大日身」，我們以阿字滙歸一切法，而安住於究竟的清淨菩提心，我們所緣對的一切都是大日如來法身。

所以「究竟清淨菩提心，所對眾緣大日身」是來自此經的體悟。

行者見一切緣起法都是毘盧遮那佛的法界身，這即是法性與緣起的相應了！而十方通同成為一個佛國，此時是名為究竟的菩提心。這樣的境界是否已是現觀一切眾生都圓滿成佛！

所以筆者將如此殊勝的圓頓心要，將經典中的義理，直接以「全佛」的意境來提出，其實這個概念以前就有了，只是沒有如此直接明顯的表示。

直接將「全佛」這樣的意旨提出，用圓頓心要來現觀，而且也希望每一個人都能觀察：「誰不是佛？」而不是誰是佛？

這不只是強調全佛的觀點而已，而是能當下現觀：「哪一個不是佛呢？」

這樣的意旨就如同禪宗的教法，是以直接的指示，來顯示出禪的意境，而且明顯表示；這也是直接提出大圓滿的最究意的精要，精要中之精要。

在此直指心中心——大家現前是佛。現前何者非明空？現前何者不是安住於虹光身中呢？

在經典當中早已提出這些意旨，筆者在此更直接地將它轉動到教法中。此乃是依止於過去諸佛廣大的方便，再將它明顯的指示出來，如果能現前受用就是現成的灌頂；能夠如實地體悟，即是現前成就；如實的作用，即是成就佛果。

我們的心要依止一切如來的教法，無論東方、西方、南方、北方的一切聖人，皆是同於此心、同見此理，而在緣起的教法上，筆者將之直接捻出，希望一切有緣大眾，能觀前體悟。

什麼是究竟菩提心呢？即是現觀一切眾生都是佛，十方法界都是同一佛國，這才是究竟菩提心。

如果我們見到有任何一個眾生不是佛，那這是菩提心不究竟，這樣的見地是很清楚明白的。

同經又云：「**今此釋意，對一切緣起諸法，皆照毘盧遮那法身，其故一切諸法不出色心二法。色心二法，即是六大也。**」

我們前面所提的是實相法界，所以現在以文字般若來指導我們實踐觀照般若。

一切緣起諸法，皆照見毘盧遮那法身，一切諸法，不出於色心二法；色是指外相所顯現的一切，心是指心意識，色心二法就是六大（地、水、火、風、空、識），而六大即是毘盧遮那佛法界身。

當地、水、火、風、空五大現前，我們轉五大的體性成為五方佛的智慧，到底是什麼力量轉動五大呢？這是由於我們觀照實相，如實的體悟了知自心，轉動意識成為智慧，現觀五大的實相而成就。

當我們如實體悟五大的特性，無二無別與識大的體性也如一，這時能與地、水、火、風、空、識六大常相瑜伽，就能圓滿成佛了。

如果以識大與五大而言，「五大」屬理，五大是胎藏界的體性，而「識大」屬事，是金剛界的體性，我們要轉識成智，所以這裡一個是理，一個是事，理事雙運，最後成就如來五智而成佛。

如果從九重阿字觀察，在我們心中有九重圓滿月輪，月輪上皆有阿字也可稱為九重阿字。

這九重月輪代表九識，由阿字五智放光，破除九識的黑闇，而開出本具的性德。心蓮轉識成智成為胎藏界中台八葉院中的九位本尊。

而胎藏界大日如來即代表我們本具的法身，是一切眾生的本具的法身；而金剛界是轉五大成為五智而修證成就的法身，我們體悟五大的雜染不可得，觀照實相而現起清淨的法身，這可以說是本具與修生的法身兩者合一，

九重阿字

而圓滿成佛了。

因此胎藏界是本具的體性妙德，能出生一切佛果妙德；而金剛界是轉識成智，圓滿一切為究竟的五佛妙智，所以金胎兩界是一體兩面，相攝相成。

那麼另外，我們也可說色法是胎藏界，心法是金剛界，所以色是理，心是智；但是就另一方面而言，心同時又是胎藏界，是我們本具的體性，色也是金剛界，能顯現無比的莊嚴。

因此，我們的心以清淨的體性之心出生，匯觀法界眾相，而圓滿成就，示現色法清淨，並使一切現前成佛。如此便將此教法推展到最極究竟之處了。

所以同經云：「色心二法即是六大，六大即是毘盧遮那法界身也。爾時，十方通為一佛國，既押一切緣起諸法直照毘盧遮那法身故，十方淨土六道穢所，無有差別，同一法界宮也，心寂靜時住略觀，散亂時可住廣觀。此二觀門是極祕也，行住坐臥無懈，精進修行，速可開顯淨菩提心者也。」

色、心二法就是六大，而六大即是毘盧遮那法界身。以藏密的說法：六大相應是識大普賢王如來，與五大法界自在母雙運；六根的自性與六塵根塵雙運，而自然顯現清淨的六識。這就是普賢王父母圓滿雙運的遊戲。現前一念現起，即出生金剛薩埵，而行教化一切眾生；所以當我們眼所觀，即是根塵雙運。

如果行者一念相應，現觀受用，即是普賢王如來父母雙運，悟者就是大覺了！

我們清楚了悟，現前法界即是毘盧遮那法身，普賢王父母雙運圓滿，現前交付金剛薩埵行一切事業。

如果行者如實體悟，則現前成就，若無法如實體悟，則六識會產生雜染、偏迷，那麼就還是輪迴眾生了；但是，在究竟清淨的菩提心中，佛與眾生又有何不同呢？

究竟清淨菩提心，所對眾緣都是大日法身，這才是究竟清淨的菩提心。此時，十方通同為一佛國，就是一切緣起諸法，直照毘盧遮那法身，所以十方淨土、六道穢所都是平等無有差別，都是住於同一法界宮。

心寂靜時，可安住於略觀，散亂時，可住於廣觀。此散亂不是指心很散亂，而是在日常生活中，行者可直觀法界就是毘盧遮那法身。這是空海大師所提出的阿字觀的廣觀。

所以廣觀並不一定是只在字相上作練習，而是於行住坐臥二六時中皆可觀阿字。

「妙引心月法爾住，本然菩提阿字觀」，妙是微妙不可思議，是斷除一切輪迴雜染；所以我們妙引心月而法爾安住，安住於本然菩提的阿字觀。

接著開始廣觀的練習。

阿字廣觀修法

「理智清涼法界相，自生自顯自廣大」，阿字的體性是現前理智清涼而與法界眾相相應，我們如實觀察阿字，阿字不是依緣起所生，阿字本不生，所以是自生自顯而自廣大。

「二尺三尺如四尺，漸增廣大如實觀」，我們開始觀想阿字漸次廣大，二尺、三尺、四尺漸增，金色的阿字如同熔金般明亮通透，但是淨月朗然清涼，如水晶中包容著水晶，大家如實觀想清楚，阿字繼續增廣。

「如牟尼寶體現空，如金剛色自性淨」，如同牟尼寶的體性一般，是現空的體性，像金剛色一般自性透明清淨。金剛色是指切割的鑽石所聚集的五虹彩光，金剛色是能自在隨色，透明清淨，能聚萬有，所以如同金剛色一般而且自性清淨。

「一丈二丈滿室中，一家、一城大地界」，現在觀想阿字一丈、二丈大，如同所處的室內一樣大，像大樓一樣大，像所處的城市一樣大……，行者觀想清楚明白。

然後繼續漸增，再擴大像台灣、亞洲、廣大到整個地球，阿字很明顯，金色光芒就像鎔金一般，清淨無與倫比。

現在像太陽系一樣大，心放輕鬆不要急，悲心可再勇猛一點，但是身心仍然是放鬆的。

阿字再擴大到銀河系、無邊的星系，擴大到三千大千世界，擴大到無邊

阿字的廣觀修法

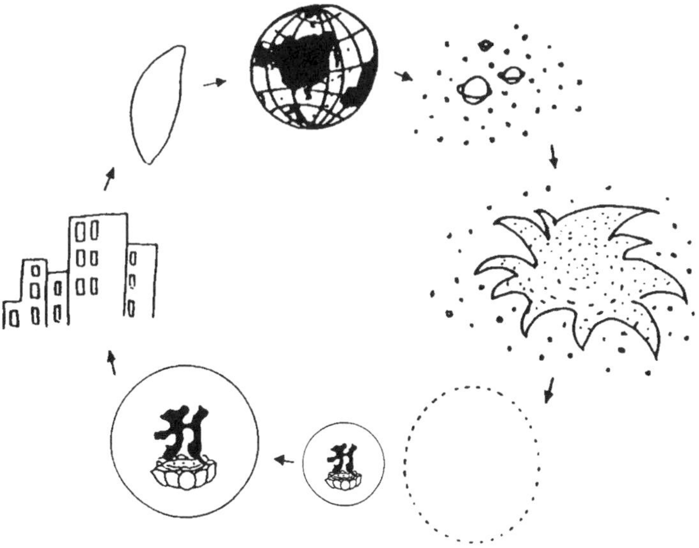

無際的法界，直到沒有任何邊際。

「盡滿虛空如力觀，究竟分明心本然」，阿字盡滿整個虛空，要努力專注地觀想，但是不要勉強，究竟分明心住於本然。

「如力清涼極歡喜，遍周法界自然觀」，練習阿字的廣大觀，我們自身會感覺如力清涼而且極為歡喜，這一切都是很自然產生的現象；當我們的心愈鬆，則阿字越廣大；如果心緊張了，則阿字便無法繼續廣大。

如果智慧不清明，則所觀修的阿字或明月會有薄霧現起；所以智慧要清明，才能清除障礙；而悲心不鞏固，阿字就無法如實廣大；如果定力不好，則整個外圍周邊不會穩定，所以要獲得圓滿的修證，則定力、智慧、悲心三者都要同時具足。

「無方無圓盡阿字，善會阿體本不生」，觀想到最後整個法界無方無圓，法界全部都是阿字。此時行者心中要善體會，此時行者的心念斷絕，身、口、意具皆斷，身心都已經銷融了，連呼吸也非常地微細，若有似無，就安住於此境界中。

「毘盧遮那法身全，十界六道無差別，現成法界金剛宮，身土不二常寂光」，毘盧遮那法身全體現前，十界與六道等同一如，皆無有差別。整個法界即是現成法界金剛宮，此時常寂光土和法身同體不二。

當行者修持至此境界，要注意：「行住坐臥無分別，法爾菩提大法身」，行住坐臥都要安住於此境界中無所分別，現起法爾菩提廣大無邊無界的究竟大法身。

現在整個法界都是廣大淨明的法身，這是廣觀成就。接著我們練習阿字歛觀的修法。

阿字歛觀修法

「廣周法界退藏密，次第廣觀行歛觀」，當周遍法界都是阿字之後，接著要退而藏於密了，次第廣觀之後，行者修習歛觀了。

「如意自顯自法界，自然解脫大自在」，行者能夠如意自在顯現自體性的法界，自性即是法界體，自然能夠解脫而示現大自在；無需再生起對治之心而自然解脫，是無行自到的無功用行；無需再對治煩惱，因為沒有煩惱可得；而菩提是空，煩惱亦是空，現前無所住、無可得；成佛是空，法身亦是空；毘盧遮那法身亦無可住處。

所以此時的我們就可以自然解脫大休息，爾後就可以自然解脫自在大遊戲。

修習此觀法，行者的身心會產生變化，會有明點增盛的現象產生，整個身體會由內到外產生變化，整個身體會逐漸地顯得很晶瑩、透明，尤其是皮膚會像嬰兒一樣氣機充滿，而且具有光澤；而身、息、心、氣脈都會調和柔軟通達；自身與外境也都會產生轉換變化。

「法爾無縛次第收」在本然法爾無分別的境界中，行者依次第如實收攝。「法爾無縛」是法爾本來就沒有縛與無縛的問題，沒有相對待的分別。

「阿字漸斂還本然，三千大千一世界，如地如城如家室，本相一肘如許大，漸密極微成空點」，阿字慢慢收攝，還於本然。

現在法界廣大無邊無界，現起清楚的阿字月輪漸次收斂，如三千大千世界、無量無邊的星系大，太陽系一樣大，像地球一樣大。

這收攝的觀想次第要清楚自如，行者的觀想能很迅速的收攝，想要停止就停了，不要在心中恍然浮動不已，要自然地、柔軟地觀想。

再來阿字像地球一樣大→再收攝像亞洲一樣大→收攝像台北一樣大→收如大樓→收如房子大→再收攝一丈→八尺→四尺→三尺→二尺到面前一尺，然後如同本相，似一肘如許大。

繼續收攝，八寸、三寸、二寸、一寸、一分所以漸密極微成為空點。

這個空點極為微細，是一個清楚的月輪、蓮花、金色阿字空點，金光明淨閃耀。

觀想時，這空點雖然很微密，但是其空點的月輪、蓮花、阿字都要觀想得很清楚，這很微妙，不要讓周圍的光明，將其混亂了。

「月密阿字如虹絲，赤裸最密最寂明」，月輪越來越細密，而阿字在其中卻如虹絲一般，比霓虹的虹絲更為微細，收攝比這空點更細小了，赤裸明顯，而最密最寂明。

當行者將身心一切都放下了，就能到達最微密的明點，這需要全體放下，如果心中仍有執著，就很難觀至最微細。所以全體放下，很輕、很柔一切都放下，此時就剩下惟一明點。

「惟一明點本法性」，而融入於惟一明點，就融入於本然的法性之中。

「法界當體即大空」，這當體就是法界現前大空，此「大」並沒有大小對待之義，行者可以安住於此，這是心性自然解脫大休息。

「一體速疾力三昧，普賢因果大法身」，阿字觀又稱為一體速疾力三昧，是能使法界一體速疾大力成就的三昧，而且能夠圓滿具足普賢因道果的法身，斂觀的修法就此完成了。

阿字的斂觀修法

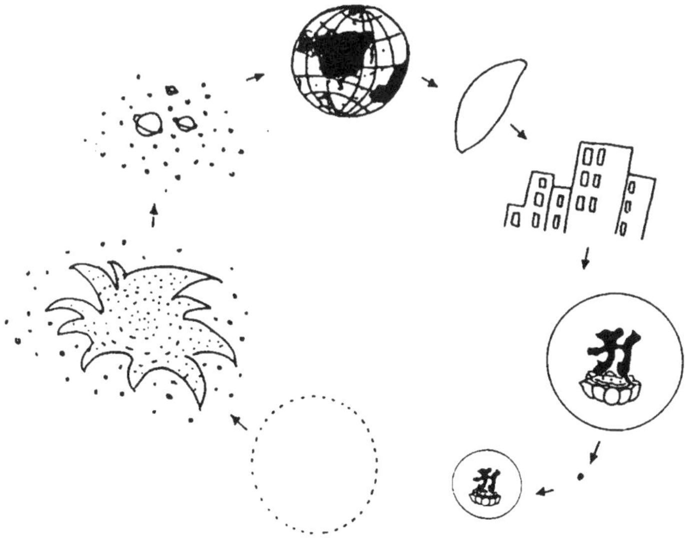

在廣觀的練習中，行者需要發起大誓願、大悲心才有辦法使月輪更廣大，這是指我們的心力要提得起；而在斂觀時則要放得下，全體放鬆、放下，就自然進入大空法界。

從大空法界中再現起惟一密明點，阿字像虹絲一般清楚了，然後漸次廣大，一分、一寸，再繼續廣大二寸、三寸、一尺、四寸到一尺所以是「現成一肘次第現」。

「平常安住阿字明，恆現如實空阿字，二六時中淨菩提」，很平常地安住在明朗阿字，恆常現起如實空性的阿字，在二六時中都安住在淨菩提心中。

阿字五轉

《大日經》以阿字為本有淨菩提心之體，以此義配合阿字字音的轉化，而將行者開顯菩提心的次第衍生為五種法門。

其中，發菩提心稱為發心；修三密之行稱為修行；修行圓滿而獲得自證的果德，稱為證菩提；以果德圓滿而證入不生不滅的境界，稱為入涅槃；而具足自證化他的萬德，隨緣而利生，稱為究竟方便。

而用於阿字的字音上，依音韻有 a（阿）𑖀、（長阿）𑖁、āṃ（闇）𑖁𑖽、aḥ（惡）𑖀𑖾四種轉化，再合此四點而作aṃḥ（噁）𑖀𑖽𑖾字，以此五字配合於發心、修行、菩提、涅槃、方便究竟等五德，以說明行者的修行階段，此稱為阿字五轉。

又《大日經疏》卷十四：「又此阿有五種：阿、阿——（長）、闇、惡、噁——（長）。……如從阿字一字即來生四字，謂阿是菩提心，阿——（長）是行，闇是成菩提，噁是大寂涅槃，噁——（長）是方便。」

在《阿字觀用心口訣》云：「此阿字即淨菩提心之實體。」所以現觀赤裸心月輪阿，便成就金剛菩提心、菩提行、菩提義與涅槃，全部圓滿具足。

依此觀察阿字本不生，此亦可稱為毘盧遮那佛阿字的四重輪轉，此四重輪轉是：菩提心門、菩提行門、菩提義門與涅槃門。

四門配合胎藏界曼荼羅的方法：即東、南、西、北四方之門，或以此四門表示四智：大圓鏡智、平等性智、妙觀察智、成所作智，相應於五佛：東方阿閦佛、南方寶生佛、西方阿彌陀佛、北方不空成就佛、而中央是毘盧遮那佛。

四門	四轉	四阿	四智	四佛知見
東	發心	阿	大圓鏡智	開
南	修行	長阿	平等性智	示
西	菩提	闇	妙觀察智	悟
北	涅槃	惡	成所作智	入

在《大日經》卷三中，阿字門在此也發展出二個法門：一是由阿字門發展成五輪觀，二是發展到五相成身觀，五輪觀在阿字門裏也很重要，阿、鑁

、嚂、唅、佉這五字分別表示地、水、火、風、空，是五大的種子字。

《大日經》卷三記載：佛告金剛手祕密主說：「以阿字門而作成就。若在僧所住處，若山窟中，或於淨室，以阿字遍布一切支分時，持三洛叉；次於滿月，盡其所有而以供養，乃至普賢菩薩、文殊師利、執金剛等或餘聖天現前，摩頂唱言：『善哉！行者，應當稽首作禮，奉閼伽水。』即時不忘菩提心三昧。

又以，如是身心輕安而誦習之，當得隨生心清淨、身清淨；置於耳上持之，當得耳根清淨。以阿字門作出入息，三時思惟，行者爾時能持壽命長劫住世，願囉闍等之愛敬。」

以修持阿字門來證得成就，不論在寺院、山窟、或淨室中，遍布一切支分、時間，持滿三洛叉，「洛叉」是指數字，一個洛叉是十萬，持滿三十萬，洛叉另外一個意思是相，是本尊種子；另外還有圓明的意思。這其實就是阿字本尊種子字圓明現前，隨時隨地二六時中都能持滿，一切支分都能持滿。

再來是對於滿月，要盡自己所能來供養。經中云：這時普賢菩薩、文殊菩薩、金剛手，所有聖天都出現了，然後對這行者說：「善哉！行者！應當稽首作禮，奉閼伽水。」

「閼伽水」是指功德水，閼伽有清淨義，是指萬淨的功德水、淨水。功德水不是一般普通水，其意義有二種：一種是修過法的水，一種是清淨的水。

以清淨的水來供養阿字月輪，在緣起上是很相應的，水與阿字月輪的體性很近似。

此時便得致不忘菩提心三昧，也就是月輪三昧成就，安住於菩提心不退轉了，安住於菩提心三昧中。行者的身心會生起輕安的覺受。誦習阿字，當得隨生身與心的清淨。

將阿字置於耳上來觀修誦持，當得耳根清淨。

另外，若以阿字門作為出入息，晝夜三時思惟，此時行者能持壽命長劫住世，「囉闍」是指國王，而且會被王者所愛敬。

神牛降乳的阿字觀

「或觀阿字無見頂」，我們現在觀想有金剛色的阿字住於無見頂上，暫時不要觀想在頭頂外，以防止神識走出。還是觀想在頂上，但是還有一層頭皮保護著。

「神牛降乳壽持明，無生阿密住中脈，法界體性金剛明」，行者觀想無見頂上有一阿字，或在頂輪中有阿字放出光明，光明注照下至無間的阿鼻地獄，上至無限的法界，全部光明遍滿。

阿字是金色透明的，如果感覺頭頂很緊，阿字一直往上浮起，就將阿字稍微調降一些，觀想像水晶般的月輪，其中有蓮華、金色的蓮台、金色的阿字，一一清清明朗。

神牛降乳的阿字觀

阿字光明照耀，阿字光明如同雪山的甘露、白色的乳汁像融化酥油般地由頂上注入了行者的眉心、喉輪、心輪、臍輪、海底輪，再流注到身體的每一個細脈、指端、每一個毛孔，行者的身體都是光明流注，這是神牛降乳流注。

此時行者身體是由明點所聚合而成，非常透明，淨透的光明自然現起，整個法界大光明都是大阿字注照著行者，行者身體亦自然放出淨透的光明，整個法界都遍體光明。

再介紹一個類似的修法，就是在

阿字漏斗觀

頂上的阿字下方再加上一個漏斗，阿字由漏斗滴入於中脈。

漏斗是幫助行者更易感覺到無生阿字明點的流注，阿字菩提是菩提法乳、是悲性乳、是法性乳、是體悟法性之後所產生的甘露。

當大悲空智乳注入中脈，這即是法界體性的金剛明。行者修持此法，不僅身心的明點增盛，於世間則壽命增長。

「不忘菩提心三昧，隨生心身自清淨」，我們修持阿字觀，能夠成就不忘菩提心三昧，因為我們安住於菩提心三昧，所以我們的一切所行是菩提心、一切身是菩提心、一切心是菩提心，一切明點亦皆是菩提心。

這一切都是菩提心明點，即是紅白菩提；脈是菩提心，稱之為菩提脈；息是菩提心，稱之為菩提息；身是菩提身則稱為淨金剛身；法界是菩提身則是大日法身，亦即是法界金剛宮殿。

所以菩提心的心，即是合於一切真如法性，亦離一切萬象，所以能隨生本自清淨的心與身。

阿字聲攝入通明禪的方法

在此，筆者將通明禪的觀法攝入，（若欲進一步了解通明禪，請參閱《通明禪禪觀》或《以禪養生》中的內容），「阿字聲示本不生，無初自然隨命息」，阿字聲顯示本不生之義，當知音聲性空，而察覺自己的呼吸出入無常，如空中的風一樣，並沒有不變的自性，而修成觀息如心相。

再觀察身體與心念，覺知呼吸、身體、心念三者都是現空一如的，就入於無初自然而隨命息了。

以上是阿字攝入通明禪的方法。

阿字息的方法

而另一種是行者在鼻頭上觀想阿字，自然呼吸，吸氣時，所吸進的是阿字明點，明點遍滿全身；呼出的氣也是阿字的命息。

修持阿字息，使行者的身心都是清淨氣的阿字，阿字吸進、呼出，於是整個法界的漩流都是阿字。這阿字到最後如同一行大師所說的：一字含千里，即身證法如，真言不思議，觀誦無明處。

阿字的海印三昧修法

阿字是否有海印三昧的修法呢？

「惟一阿字證入海印三昧」，這是指行者全身都是阿字，金色阿字光明晃耀，這阿字明點如摩尼寶般相映相攝、相入相即，大小相容，大小互攝。

當年筆者在山上閉關修持藥師佛時，在修法的過程中，自身化為唄字（藥師佛的種子字），而唄字無間相攝，就安住在此境界中良久，以此經驗和各位共享。

所以當我們修習阿字時，除了呼吸是阿字息外，我們的六根（眼、耳、鼻、舌、身、意）所及亦都是阿字，吃下的食物是阿字，身上所流出的汗、排泄物等都是阿字，染淨無分，一切都是阿字，如此阿字觀的修行，便很有意思了。

「不見身心因緣起，中脈智氣等大空」，阿字聲示本不生，無初自然隨命隨，修至行者不具身心，而了知一切都是由因緣和合而成，一切都是由空性中所生起。

中脈是從何處現起呢？中脈是由空性所生起，所以此刻是否有中脈的存

六根所及都是阿字

在？當然有中脈的存在，除非我們自身不空，但是反觀不空亦不可得，所以一定有中脈的存在，而且是通達的中脈。

我們是否找得到自身不是佛的理由呢？因為找不到自身不是佛的理由，所以我們是佛。

或許請各位舉出自己沒有成佛的證據！

你的回答或許是：「我有很多習氣啊！」但是習氣是空啊！

「我有業障。」業障也是空啊！

如此一來，每一個人都是佛啊！

所以，當我們修習本尊觀時，我們依次第修行，觀想本尊的相，這是讓我們證入實相的方便。

藉由本尊觀的方法來達到修證的目的，卻常常被相上的緣起、因緣條件的差異，而產生懷疑與執著，而入於歧途。

所以我們修行時，不要被一些枝微末節所纏縛，而忘記初始的目的——證入實相。

從相上起修，不過是初入方便，初修是需要有明確的觀想境，但是我們一定要了知，這只是讓我們進入實相的方便。

所以實相者無相，而有相就是無相，千萬不能產生執著與分別對待，行者要具有如此的見地。

中國禪師馬祖道一有一個公案：

有人問：「什麼是佛性？」

馬祖禪師眨一眨眼睛。

相信大家眨眼睛一定與馬祖禪師一樣莊嚴，這就如同禪宗有一句話：
「百姓日用而不知。」
禪是什麼？禪是證量。
我們每天都生活在證量之中，百姓日用而不知；念頭是我們的，而妄念是我們所擁有的，情緒亦是；但是試問我們是否有辦法把昨天的情緒拿出來呢？或是將明天的情緒拿出來？到底那一個才是真實的我呢？
如果無我的存在，當然沒辦法將我提出；但是如果是「我」所擁有的，當然可以拿出來；既然不是，那又何必說是「我」所有的呢？
所以在此供養一句話給有緣大眾：**百姓日用無非阿**。
「堅住金剛體性中，耳根清淨自耳持」，我們堅住於金剛的體性中，耳根自然得到清淨，當然六根（眼、耳、鼻、舌、身、意）亦能得到清淨。試問禪宗所證得的，是否也是六根清淨呢？六祖大師曾說：何其自性本自清淨。
何其自性本自清淨，何其六根本自清淨；六根清淨見到六塵，何其六塵本自清淨；這根塵雙運就是普賢王如來父母現前——大日法身。這體性都是相同的，只是名詞上的差別而已。

何其自性能生萬法；六根、六塵清淨即能出生萬法；二者是在方法、名相上不同，但是悟者的境界都是等同的。

禪者的開悟與密宗行人的開悟，是入手處不同，但是開悟的結果是相同。

而且就一位修證者而言，一切法都能匯通的，對於何種行人就傳其何種法門；對修密行人傳其密法，對學禪人傳其禪法，對於非密非禪者，傳其非密非禪。

我們堅住於金剛體性之中，耳根清淨而自耳持，所以「六大聲響十界語，六塵文字法身相，出入如幻長阿定」，六大（地、水、火、風、空、識）的聲響、十界（地獄界、餓鬼界、畜生界、修羅界、人間界、天上界、聲聞界、緣覺界、菩薩界、佛界）的語言、六塵（色、聲、香、味、觸、法）悉皆文字，了悟此皆是法身實相、都是出入如幻，於是安住在長阿定中。

阿字入於耳根圓通

其實六根、六塵、乃至《楞嚴經》中的二十五圓通，都可以用阿字來成就。如耳根圓通的修法，我們聽聞阿字音入於耳根圓通。

先是耳聞阿字聲，阿聲起時，我們聽到阿聲，阿聲滅時，則聽到無聲。聽聞到最後進入聞的體性，慢慢地我們所聞與能聞的聞性就統一了。最後內音、外音遍達一切處，沒有內音，沒有外音，也沒有遍達一切處。從無住的體性中，覺悟一切自性都是空的，能覺的心與所覺的聞性，都是空的。

在空掉這一切之後，我們的心會打成一片，最後一切時空都慢慢地打破了，能空與所空的對立都消滅了。

當生滅的現象完全寂滅時，法性自然現起。

彈指間，忽然超越世出世間，上與十方諸佛同一慈力，下與一切眾生同一悲仰，這就是真實的佛境菩薩行的境界。以上是阿字與耳根圓通的匯通。

我們安住在長阿定中，這時我們如何發聲呢？真正的阿字聲是由中脈發出。

所以在緣起上中脈到底在何處呢？

以我們的身體而言，是在身體的正中間，或許有人會產生懷疑，那麼請問中脈在何處呢？

全法界無非大日如來，何處不是中脈呢？

宇宙的中心點在何處呢？

假設宇宙的中心點是在中脈所處的位置，如果這一句話成立，而法界是無量無邊，那麼其中心點在哪裡呢？

如果讀者在虛空中畫上一點，是否有人可以證明這不是宇宙的中心點呢？而且此點不只是宇宙中心，同時也是宇宙邊緣。

因此在緣起上，我們可以觀想自身的中心點是為中脈的起點，於此卻不可執著，因為只有在空性中，中脈才會現起。

見到空性在禪宗即稱為開悟，是大地平沉，虛空粉碎，整個實相如實現起的境界；或是稱為露地白牛，銀碗盛雪。

這是因為在悟道的剎那，整個法界就如同銀碗盛雪般地明亮，不同於一般普通的亮度，所以又稱為露地白牛，這是禪者開悟的境界，等同於現觀月輪成就，也就是見法性。

而這種見性的境界，在密宗則稱為見明體，這也是中脈的顯現境界脈。這在經典中又稱為法眼淨，這些都是初始開悟的相同境界，只是名詞稱謂的不同而已。

禪宗的教法是以見相破相，於是禪者不會固定使用月輪、明體等名詞來表達悟境，而是借用露地白牛、銀碗盛雪等情境來表示，以一種很平實的情境來顯現開悟的現相。

至於密法對於開悟的定義則是很嚴密的，階次十分明晰。禪宗雖然開悟的要求同樣的嚴格，但是卻是以有相與具相來顯現其境界，而又同時破除開悟的固定形相，顯示其平等的如實相，這是很微妙之處。

但是不管是露地白牛、銀碗盛雪，這些境界都是在顯現開悟見性的悟境，但同時也是月輪成就，開顯中脈的境界。

現在我們練習依止能開悟見性的中脈，而從身體的中央發出的阿字聲，筆者個人認為：如果長期修習阿字聲，建議讀者還是不要從心輪發聲，因為心輪發聲時，身心初始時，還是比較容易緊張，而且氣息會較為急促。所以建議初修時，還是從中脈海底輪處開始發出阿字聲對我們的身心與修證，都較有利益，當然如果修鍊純熟，則任何一處皆可，因為何處無非中脈。

而所謂「長阿一聲入空定」，是以中脈發聲為主，而空海大師於《秘藏記》中則提出五種念誦法。以下介紹這五種念誦法的修持方法。

五種念誦法

1. 發聲念誦

在發聲念誦上，我們要觀想自己的身心中具有蓮花，而蓮花上有法螺，由此法螺來唱誦出阿字音聲。如果持誦時間不長，蓮花與法螺可以觀想在心輪；如果要長久持誦則建議將蓮花與法螺觀想在海底輪。

五輪塔中的水輪，相應於我們的身體的部位，即是在臍輪、海底輪的位置，所以觀想海螺在海底輪，在緣起上是很相應的。

現在觀想海底輪有蓮華、海螺，海螺發出阿字聲。如果海螺口朝上，如定海珠（右旋的海螺）一般聲音幽長，十分美妙。

海螺不斷地發出阿聲，由於阿聲的振動脈道，先將中脈中的脈結鬆開了，中脈的心、氣、明點及脈結等都觸及阿聲，而全然轉為清淨；心、氣、明點都轉為清淨了，而脈轉為柔軟，身體的各部份也全部都調和柔軟。

如果行者是以坐姿修習此法，則行者的身體可以整個放鬆、放下，從骨頭中、每一個細胞都是阿聲，甚至每一個小毛孔都是如同海螺發出阿字聲，直至整個法界都是阿字聲。

修持到此境界，當行者睜開雙眼再度看到外界，有時會感覺全部的世界像罩上水晶般十分的明亮。此時身心的覺受應該是很舒暢的。

修習此法，整個世界都隨之而得到清淨，雖然我們的力量微小，在緣起、現實上是無法大幅度地影響，但在因緣上必有其妙義存在。

2.蓮華念誦

蓮華念誦是指只有行者自己的耳朵，才能聽到很細微的阿字聲的方法。因為這時我們身體內在的聲音與外在阿聲，兩者聲音相互抵消掉，所以只有感覺自己的脈在振動；這時整個內聲、外聲統一起來，一起振動。

此時由於內外聲的統一，因此整個身體就形成為阿字聲的脈動。這是蓮華念誦法的特色。

發聲念誦法

3.金剛念誦

金剛念誦是行者的唇齒閉合，只有舌端較微啟動，以發出阿字聲的念誦方法。

4.三摩地念誦

三摩地念誦是行者的舌根不動，只有以心來念誦。這個方法修鍊純熟時，行者會聽到宛如在空谷當中的長阿聲，阿聲的振動一直無間持續傳出。

5.光明念誦

光明念誦是觀想阿字聲轉成為光明，這是聲、光合一的念誦方法。聲即是光，光即是聲。但是，不論出聲與否，整個阿字都是光明地念誦，身心每一個毛孔都放出光明，都是阿字。

試問音聲是否有光明呢？

光明念誦是將阿字聲轉成光明。

光明是否有聲音呢？

從阿字光明中發起聲音。

光明從毛孔出來時，就是阿字聲。

之後，就可以聽見輕輕揚起的彩虹之聲。

當行者的每一個毛孔都流著阿字光明時，整個身體也會逐漸轉變成一個大阿光明，而且這個大阿的光明體，仍然會不斷地流出阿字的光明。

在蓮師傳中記載著：蓮師修法時，自身變成一個吽字，同樣地，當我們修習此法成就時，亦可使自身成為一大阿字。

法界唯一真實祕義

「長壽持明阿息觀」，從阿字的念誦，到最後可變成一種息的觀法——長壽持明的阿息觀。

「息息阿阿無可住，無出無入大阿空」，我們念誦著阿字，出息是阿字，入息也是阿字住息，也是阿字，一切氣息都是阿字。這時，當我們吸氣時，「阿……」一直從脈道中進入，而呼吸安止時，阿字息就住於自身，出息入息都是阿字，但是從體性上而言，阿字是無可出、無可入，本來無可住的，於是一切阿字本來不生亦無出無入，我們能如此證悟，便入於大空阿的境界之中。

「無生無滅實相阿，真如大日法界身」，阿字是不生不滅的體性，而這無生無滅的實相阿字，即是法界體性，即是真如的大日如來法界身，也是一切諸佛的法身。

阿息觀

1. 我們念誦阿字，出息是阿字

2. 入息是阿字

阿息觀

3. 住息是阿字

4. 體悟阿字本不生亦無可出入，則入於大阿空的境界

「阿字音聲法界密，帝網重重海印定」，這阿字音聲，是法界惟一真實祕義的現起，是唯一真言王，法界的祕密之主，修至最後整個法界都是阿字，都變成大日如來的體性智水、大智海，整個法界都成為廣大海印的蓮花藏世界海、金剛法界，住於這樣的境界，自然現起帝網重重而交互相映的海印三昧了。

「圓頓阿字現法身」，當行者修阿字觀已進入無間流水三摩地時，在此境界中，可能忽然一個因緣，「啪」一聲，宛如佛陀見到了曉星而開悟一般。

這也像許多禪宗祖師，當他們修持到即將成熟時，忽然間碰到了一個外境或因緣；不管是聲音，像是歌聲或兩根竹子相打，「啪」的一聲就開悟了，有人甚至是見到螞蟻打架而悟道的。

如果聽聞聲音而悟道的，古德稱呼這是觀音法門，觀於耳而聞道。

不管見到了法界實相，或見到了明星，豁然間妄念頓斷，頓聞阿字而現起實相法身，在常寂光中，安住於金剛喻定之中。

「阿字義息相大悲，法界全同阿海印」，阿字的妙義，阿字息、相，一切都融合為一，現起了大悲的妙德，所以這阿字不僅是一種般若空性的完全體悟，而且一切都是大日如來法界的大悲漩流之相，所以法界一切全同在阿字海印三昧之中。

「全佛圓頓不離阿，普賢如來不行到」，這時我們體悟，法界一切眾生即是如來的全佛境界圓頓現前，而這一切都是阿字。

我們修習到最後體悟，原來普賢如來的境界，法爾如是，不行自到，我們與普賢如來無二無別，當下現證不行自到的普賢如來境界。

阿字門很簡單很直接，就是這個方法即能成就佛果。所以空海大師大力提倡阿字觀，因為這實在是具有殊妙大用的方法，能讓我們在行、住、坐、臥中，二六時中都能夠精進修行。

「全圓妙果四法身，普賢法界阿不生」，阿字觀的修習是不行自到，而能成證普賢王如來，並圓滿四種法身妙果（自性身、受用身、變化身、等流身）的法門，而普賢法界其實即是阿字本不生的實相法界。

阿字體性頌在此修習圓滿。

第七章 迴向

月輪三昧體性觀　無生修學住實相
廣大菩提如安住　如法修證大迴向
無間究竟大菩提　如淨月輪安空住
阿字妙顯無生滅　大日如來全法身
迴向毘盧遮那佛　十方如來恆喜樂
少病少惱眾易度　法界淨剎妙嚴淨
諸佛歡喜賜吉祥　恆願有情皆成佛
法界最淨如現觀　佛子菩提樂無障
究竟菩提全佛圓　圓頓一念阿月明
佛力法界自善力　修證功德普迴向

國土圓淨災障消　人民安樂住佛道
決定圓滿同金剛　六大災障人禍無
吉祥喜樂永無壞　世出世財如雨注
悲智菩提如月明　全佛恆示阿無生
佛佛平等傳承明　心月輪圓阿字觀
如彼無盡虛空星　無生無滅法爾明

我們安住於實相依無生的體性來修學月輪三昧，廣大菩提如法安住，如法修證的功德大迴向。

無間究竟的廣大菩提，在相上以如淨的月輪安住於虛空，月輪空明微妙的顯現無生無滅的境界——大日如來全法身。

願將此修法功德迴向毘盧遮那佛、十方如來。祈望他們恆住於喜樂之中，少病少惱而眾生易度，法界淨剎殊妙嚴淨。迴向諸佛歡喜賜吉祥，恆願有情眾生皆圓成佛果。

法界最淨如實現觀，佛子圓證菩提安樂無有障礙。究竟菩提全佛圓滿，圓頓一念現起體性的阿字月輪明朗。佛力、法界力、自善根力三力加持，修證功德普皆迴向。

迴向國土圓滿清淨災障消除，人民安樂住於佛道，決定圓滿等同金剛，六大災障、人禍全無有。吉祥喜樂永無敗壞時，世出世間財寶如同雨注。悲智雙運的菩提如月明朗，全佛恆示阿本無生的妙義。

我們祈望佛佛平等傳承光明相續無間，淨菩提心月輪觀・阿字觀的法門遍照光明，如同無盡虛空中的星辰，無生無滅而法爾現成明空。

若人求福慧　通達菩提心
父母所生身　速證大覺位

附錄一 無畏三藏禪要

海仁睿

中天竺摩伽陀國王舍城那爛陀竹林寺三藏沙門諱輸波迦羅，唐言善無畏，刹利種豪貴族，共嵩岳會善寺大德禪師敬賢和上，對論佛法，略敘大乘旨要，頓開眾生心地，令速悟道，及受菩薩戒羯磨儀軌，序之如左。

夫欲入大乘法者，先須發無上菩提心，受大菩薩戒，身器清淨，然後受法，略作十一門分別：第一發心門，第二供養門，第三懺悔門，第四歸依門，第五發菩提心門，第六問遮難門，第七請師門，第八羯磨門，第九結界門，第十修四攝門，第十一十重戒門。

第一發心門：

弟子某甲等，歸命十方一切諸佛諸大菩薩大菩提心為大導師，能令我等離諸惡趣，能示人天大涅槃路，是故我今至心頂禮。

第二供養門：

次應教令運心遍想十方諸佛及無邊世界微塵剎海恒沙諸佛菩薩，想自身於一一佛前頂禮讚歎供養之：

弟子某甲等，十方世界所有一切最勝上妙香華旛蓋種種勝事，供養諸佛及諸菩薩大菩提心，我今發心盡未來際，至誠供養至心頂禮。

第三懺悔門：

弟子某甲，自從過去無始已來乃至今日，貪瞋癡等一切煩惱及忿恨等諸隨煩惱，惱亂身心廣造一切諸罪。身業不善：殺、盜、邪淫；口業不善：妄言、綺語、惡口、兩舌；意業不善：貪、瞋、邪見；一切煩惱無始相續纏染身心，令身口意造罪無量；或殺父母、殺阿羅漢，出佛身血、破和合僧、毀謗三寶、打縛眾生，破齋、破戒、飲酒、噉肉如是等罪，無量無邊不可憶知。今日誠心發露懺悔，一懺已後，永斷相續，更不敢作，唯願十方一切諸佛諸大菩薩加持護念，能令我等罪障消滅，至心頂禮。

第四歸依門：

弟子某甲，始從今身乃至當坐菩提道場，歸依如來無上三身，歸依方廣大乘法藏，歸依一切不退菩薩僧，惟願十方一切諸佛諸大菩薩，證知我等，至心頂禮。

第五發菩提心門：

弟子某甲，始從今身乃至當坐菩提道場，誓願發無上大菩提心。

眾生無邊誓願度，福智無邊誓願集，

法門無邊誓願學，如來無邊誓願仕，

無上佛道誓願成。

今所發心，復當遠離我法二相，顯明本覺真如，平等正智現前，得善巧智，具足圓滿普賢之心，唯願十方一切諸佛大菩薩，證知我等，至心懺悔。

第六問遮難門：

先問，若有犯七逆罪者，師不應與授戒，應教懺悔，須七日、二七日乃至七七日，復至一年懇到懺悔，須現好相，若不見好相，受戒亦不得戒。

諸佛子！汝等從生已來，不殺父耶？有輕犯者，應須首罪，必不隱藏，得大罪報，乃至彼等犯者亦爾。無犯者答無。汝等不殺母耶？不出佛身血耶？不殺阿羅漢耶？不殺和尚耶？不殺阿闍梨耶？不破和合僧耶？汝等若犯如上七逆罪者，應須對眾發露懺悔，不得覆藏，必墮無間受無量苦；若依佛教發露懺悔者，必得重罪消滅，得清淨身，入佛智慧速證無上正等菩提。若不犯者，但自答無。諸佛子等！汝從今日乃至當坐菩提道場，能精勤受持一切諸佛諸大菩薩，最勝最上大律儀戒否？此名所謂三聚淨戒。攝律儀戒，攝善法戒，饒益有情戒，汝等從今身乃至成佛，於其中間誓不犯能持否？答能於其中間，不捨離三聚淨戒。四弘誓願能持否？答能既發菩提心受菩薩戒，惟願十方一切諸佛大菩薩，證明我等加持我等，令我永不退轉，至心頂禮。

諸佛子等！始從今日乃至當證無上菩提，當具足受持諸佛菩薩淨戒，今受淨戒竟，是事如是持如是至三，至心頂禮。

第十修四攝門：

諸佛子等！如上已發菩提心，具菩薩戒已；然應修四攝法及十重戒，不應虧犯，其四攝者，所謂布施、愛語、利行、同事，為欲調伏無始慳貪，及饒益眾生故應行布施；為欲調伏瞋恚驕慢煩惱，及利益眾生故應行愛語；為欲饒益眾生，及滿本願故應修利行；為欲親近大善知識，及令善心無間斷故應行同事如是四法此修行處。

第十一十重戒門：

諸佛子！受持菩薩戒，所謂十重戒者，今當宣說，至心諦聽。

一者、不應退菩提心，妨成佛故；二者、不應捨三寶歸依外道，是邪法故，三者、不應毀謗三寶及三乘教典，背佛性故；四者、於甚深大乘經典不通解處，不應生疑惑，非凡夫境故；五者、若有眾生已發菩提心者，不應說如是法，令退菩提心，趣向二乘，斷三寶種故；六者、未發菩提心者，亦不應說如是法，令彼發於二乘之心，違本願故；七者、對小乘人及邪見人前，不應輒說深妙大乘，恐彼生謗獲大殃故；八者、不應發起諸邪見等法，令斷善根故；九者、於外道前，不應自說我具無上菩提妙戒，令彼以瞋恨心，求如是物，不能辦得，令退菩提心，二俱有損故；十者、但於一切眾生有所損害及無利益，皆不應作及教人作見作隨喜，於利他法及慈悲心相違背故。

已上是授菩薩戒竟，汝等應如是清淨受持，勿令虧犯。

已受三聚淨戒竟，次應受觀智密要禪定法門大乘妙旨。夫欲受法，此法深奧，信者甚希，不可對眾，量機密授，仍須先為說種種方便，會通聖教令生堅信決除疑網，然可開曉。輸波迦羅三藏曰：眾生根機不同，大聖設教亦復非一，不可偏執一法，互相是非，尚不得人天報，況無上道？或有單行布施得成佛，或有唯脩戒亦得作佛，忍進禪慧乃至八萬四千塵沙法門，一一門入悉得成佛。今者且依金剛頂經設一方便，作斯修行乃至成佛，若聞此說當自淨意，寂然安在。於是三藏居眾會中不起于坐，寂然不動，如入禪定，可經良久，方從定起，遍觀四眾，四眾合掌扣頭，珍重再三而已。

三藏久乃發言曰：前雖受菩薩淨戒，今須重受諸佛內證無漏清淨法戒，方今可入禪門；入禪門已，要須誦此陀羅尼，陀羅尼者，究竟至極同於諸佛，乘法悟入一切智海，是名真法戒也。此法祕密不令輒聞，若欲聞者，先受一陀羅尼曰：

唵三昧耶薩怛鑁

此陀羅尼令誦三遍，即合聞戒及餘祕法，亦能具足一切菩薩清淨律儀，諸大功德不可具說。

又為發心，復授一陀羅尼曰：

唵冐地唧多母怛波娜野弭

此陀羅尼復誦三遍，即發菩提心乃至成佛，堅固不退。

又為證入，復受一陀羅尼曰：

唵唧多鉢羅底吠曇迦嚕迷

此陀羅尼復誦三遍，即得一切甚深戒藏，及具一切種智，速證無上菩提，一切諸佛同聲共說。

又為入菩薩行位，復授一陀羅尼曰：

唵嚩日羅滿吒藍鉢囉避捨迷

此陀羅尼若誦三遍，即證一切灌頂曼荼羅位，於諸祕密聽無障礙，既入菩薩灌頂之位，堪受禪門，已上授無漏真法戒竟。

又先為擁護行人，授一陀羅尼曰：

唵戍馱戍馱

先誦十萬遍除一切障，三業清淨，罪垢消滅，魔邪不嬈，如淨白素，易受染色，行人亦爾，罪障滅已，速證三昧。

又為行者，授一陀羅尼曰：

唵薩婆尾提娑嚩賀

持誦之法，或前後兩箇陀羅尼隨意誦一箇，不可並，恐與心不專。

夫欲入三昧者，初學之時，事絕諸境，屏除緣務，獨一靜處，半跏而坐已；須先作手印護持，以檀、慧並合豎，其戒、忍、方、願右押左，正相叉，著二背上，其進、力合豎，頭相拄曲，開心中少許，其禪智並合豎即成。

作此印已，先印頂上，次印額上，即下印右肩，次印左肩，然後印心，次下印右膝，次印左膝，於一一印處，各誦前陀羅尼七遍乃至七處訖，然後於頂上散印訖，即執數珠念誦此陀羅尼，若能多誦二百三百遍乃至三千五千亦得。每於坐時，誦滿一洛叉，最異成就。

既加持身訖，然端身正住如前半跏坐，以右押左不須結全跏，全跏則多痛，若心緣痛境即難得定。若先來全跏坐得者最為妙也，然可直頭平望，眼不用過開，又不用全合，大開則心散，合即惛沈，莫緣外境，安坐即訖；然可運心供養懺悔，先標心觀察十方一切諸佛，於人天會中為四眾說法，然後自觀己身，於一一諸佛前以三業虔恭禮拜讚嘆。

行者作此觀時，令了了分明如對目前，極令明見，然後運心於十方世界所有一切天上人間，上妙香華幡蓋飲食珍寶種種供具，盡虛空遍法界，供養一切諸佛，諸大菩薩、法報化身、教理行果、及大會眾。

行者作此供養已，然後運心於一一諸佛菩薩前，起殷重至誠心，發露懺悔：我等從無始來至于今日，煩惱覆心久流生死，身口意業難具陳，我今唯知廣懺，一懺已後，永斷相續，更不起作；唯願諸佛菩薩以大慈悲力，加威護念攝受我懺，令我罪障速得消滅此名內心祕密懺悔最後妙。

次應發弘誓願：我久在有流，或於過去，曾行菩薩行，利樂無邊有情；或修禪定，勤行精進護持三業；所有恒沙功德乃至佛果，唯願諸佛菩薩興慈願力，加威護念，令我乘斯功德，速與一切三昧門相應，速與一切陀羅尼門相應，速得一切自性清淨。如是廣發誓願，令不退失，速得成就。

次應學調氣。調氣者，先想出入息，從自身中一一支節筋脈，亦皆流注，然後從口徐徐而出；又想此氣，色白如雪，潤澤如乳，仍須知其所至遠近，還復徐徐從鼻而入，還令偏身中，乃至筋脈悉令周遍，如是出入各令至三；作此調氣，令身無患冷熱風等，悉皆安適，然後學定。

輸波迦羅三藏曰：汝初學人，多懼起心動念，罷息進求，而專守無念以為究竟者，即覓增長不可得也。夫念有二種：一者不善念，二者善念。不善妄念，一向須除，善法正念，不令復滅。真正修行者，要先正念增修，後方至於究竟清淨，如人學射久習純熟，更無心想行住恒與定俱，不怕不畏起心，為患虧於進學。

次應修三摩地。所言三摩地者，更無別法，直是一切眾生自性清淨心，名為大圓鏡智，上自諸佛下至蠢動，悉皆同等無有增減，但為無明妄想客塵所覆，是故流轉生死，不得作佛。

行者應當安心靜住，莫緣一切諸境，假想一圓明猶如淨月，去身四尺，當前對面，不高不下，量同一肘，圓滿具足，其色明朗內外光潔，世無方比。初雖不見，久久精研尋當徹見已，即更觀察漸引令廣，或四尺，如是倍增，乃至滿三千大千世界極令分明，將欲出觀，如是漸略還同本相；初觀之時，如似於月，遍周之後無復方圓，作是觀已，即便證得解脫一切蓋障三昧，得此三昧者，名為地前三賢。

依此漸進遍周法界者，如經所說名為初地，所以名初地者，為以證此法昔所未得，而今始得生大喜悅，是故初地名曰歡喜；亦莫作解了，即此自性清淨心，以三義故，猶如於月，一者、自性清淨義，離貪欲垢故；二者、清涼義，離瞋熱惱故；三者、光明義，離愚癡闇故。又月是四大所成，究竟壞去，是以月世人共見，取以為喻，令其悟入。

行者久久作此觀，觀習成就，不須延促，唯見明朗更無一物，亦不見身之與心，萬法不可得，猶如虛空。亦莫作空解，以無念等故，說如虛空非謂空想。久久能熟，行住坐臥，一切時處，作意與不作意，任運相應無所罣礙，一切妄想，貪瞋癡等一切煩惱，不假斷除，自然不起，性常清淨。依此修習，乃至成佛，唯是一道更無別理。此是諸佛菩薩內證之道，非諸二乘外道境界。

作是觀已，一切佛法恒沙功德，不由他悟，以一貫之自然通達，能開一字演說無量法，剎那悟入於諸法中，自在無礙，無去來起滅，一切平等，行此漸至昇進之相久自證知，非今預說所能究竟。

輸波迦羅三藏曰：

既能修習，觀一成就已，汝等今於此心中，復有五種心義，行者當知；一者、剎那心，謂初心見道一念相應，速還忘失，如夜電光，暫現即滅，故云剎那；二者、流注心，既見道已念念加功相續不絕，如流奔注，故云流注；三者、甜美心，謂積功不已乃得，虛然朗徹，身心輕泰，翫味於道，故云甜美；四者、摧散心，為卒起精懃，或復休廢，二俱違道，故云摧散；五者、明鏡心，既離散亂之心，鑒達圓明一切無著，故云明鏡。若了達五心，於此自驗，三乘凡夫聖位可自分別矣。汝等行人初學修定，應行過去諸佛祕密方便加持修定法，一體與一切總持門相應，是故應須受此四陀羅尼。陀羅尼曰：

唵速乞叉摩嚩日囉（別本漢注唵蘇乞叉嚩日囉）

此陀羅尼，能令所觀成就。

唵底瑟吒嚩日囉

此陀羅尼，能令所觀無失。

唵娑頗囉嚩日囉

此陀羅尼，能令所觀漸廣。

唵僧賀囉嚩日囉

此陀羅尼，能令所觀廣，復令漸略如故。

如是四陀羅尼者，是婆誐梵，自證法中甚深方便，開諸學人，令速證入；若欲速求此三摩地者，於四威儀，常誦此陀羅尼，剋念用功，勿暫虛廢，無不速驗。

汝等習定之人，復須知經行法則，於一靜處平治淨地，面長二十五肘，兩頭竪標，通頭繫索，纔與胸齊，以竹筒盛索，長可手執其筒。隨日，右轉平直來往，融心普周視前六尺，乘三昧覺任持本心，諦了分明，無令忘失；但下一足便誦一真言，如是四真言從初至後，終而復始，誦念勿住，稍覺疲懈，即隨所安坐。

行者應知入道方便深助進，如脩心金剛，不遷不易，被大精進甲冑，作猛利之心，誓願成得為期，終無退轉之異，無以雜學惑心，令一生空過；然法無二相，心言兩忘，若不方便開示，無由悟入，良以梵漢殊隔，非譯難通，聊蒙指陳，隨憶鈔錄，以傳未悟，京西明寺慧警禪師，先有撰集，今再詳補，頗謂備焉。

南無稽首十方佛，真如海藏甘露門，
三賢十聖應真僧，願賜威神加念力。
希有總持禪祕要，能發圓明廣大心，
我今隨分略稱揚，迴施法界諸含識。

附錄二　大乘本生心地觀經（節錄）

薄伽梵為諸眾生宣說觀心妙法門已，告文殊師利菩薩摩訶薩言：「大善男子！我為眾生已說心地，亦復當說菩提心大陀羅尼，令諸有情發阿耨多羅三藐三菩提心，速圓妙果。」

爾時，文殊師利菩薩白佛言：「世尊！如佛所說，過去已滅，未來未至，現在不住，三世所有一切心法本性皆空；彼菩提心，說何名發？善哉，世尊！願為解說斷諸疑網令趣菩提。」

佛告文殊師利：「善男子！諸心法中起眾邪見，為欲除斷六十二見種種見故，心、心所法我說為空，如是諸見無依止故。譬如叢林蒙密茂盛，師子、白象、虎、狼、惡獸潛住其中，毒發害人，迥絕行跡。時有智者以火燒林，因林空故諸大惡獸無復遺餘，心空見滅亦復如是。

又，善男子！以何因緣立空義耶？為滅煩惱從妄心生，而說是空。善男子！若執空理為究竟有，空性亦空。執空作病亦應除遣，何以故？若執空義為究竟者，諸法皆空無因無果，路伽邪陀有何差別？

善男子！如何伽陀藥能療諸病，若有病者服之必差，其病既愈藥隨病除，無病服藥藥還成病。善男子！本設空藥為除有病，執有成病執空亦然，誰有智者服藥取病？善男子！若起有見勝起空見，空治有病，無藥治空。

善男子！以是因緣，服於空藥除邪見已，自覺悟心能發菩提，此覺悟心即菩提心，無有二相。善男子！自覺悟心有四種義，云何為四？謂諸凡夫有二種心，諸佛菩薩有二種心。善男子！凡夫二心其相云何？一者眼識乃至意識，因緣自境名自悟心；二者離於五根心、心所法，和合緣境名自悟心。善男子！如是二心能發菩提。善男子！賢聖二心其相云何？一者觀真實理智，二者觀一切境智。善男子！如是四種名自悟心。」

爾時，文殊師利菩薩白佛言：「世尊！心無形相亦無住處，凡夫行者最初發心，依何等處？觀何等相？」

佛言：「善男子！凡夫所觀菩提心相，猶如清淨圓滿月輪，於胸臆上明朗而住。若欲速得不退轉者，在阿蘭若及空寂室，端身正念結前如來金剛縛印，冥目觀察臆中明月，作是思惟：是滿月輪五十由旬無垢明淨，內外澄澈最極清涼，月即是心，心即是月，塵翳無染妄想不生，能令眾生身心清淨，大菩提心堅固不退。

結此手印，持念觀察大菩提心微妙章句，一切菩薩最初發心清淨真言：

唵　菩地　室多　牟致波　陀邪　弭

此陀羅尼具大威德，能令行者不復退轉。去、來、現在一切菩薩，在於因地初發心時，悉皆專念持此真言，入不退地速圓正覺。

善男子！時，彼行者端身正念都不動搖，繫心月輪成熟觀察，是名菩薩觀菩提心成佛三昧。若有凡夫修此觀者，所起五逆、四重、十惡及一闡提，如是等罪盡皆消滅，即獲五種三摩地門。

云何為五？一者剎那三昧，二者微塵三昧，三者白縷三昧，四者起伏三昧，五者安住三昧。

云何名為剎那三昧？謂暫想念滿月而住。譬如獼猴身有所繫，遠不得去近不得停，唯困飢渴須臾住止；凡夫觀心亦復如是，暫得三昧名為剎那。

云何名為微塵三昧？謂於三昧少分相應。譬如有人常自食苦未曾食甜，於一時中得一塵蜜到於舌根，增勝歡喜倍生踊躍更求多蜜；如是行者經於長劫食眾苦味，而今得與甘甜三昧少分相應，名為微塵。

云何名為白縷三昧？謂凡夫人自無始時，盡未來際，今得此定。譬如染皂多黑色中見一白縷，如是行者於多生死黑闇夜中，而今方得白淨三昧，名之為縷。

云何名為起伏三昧，所謂行者觀心未熟，或善成立未善成立，如是三昧猶稱低昂，名為起伏。

云何名為安住三昧？修前四定心得安住，善能守護不染諸塵，如人夏中遠涉沙磧備受炎毒，其心渴乏殆無所堪，忽得雪山甘美之水、天酥陀等，頓除熱惱身意泰然；是故三昧名為安住。入此定已遠離惑障，發生無上菩提之芽，速登菩薩功德十地。」

爾時，會中無量人、天，聞此甚深諸菩薩母不可思議大陀羅尼已，九萬八千諸菩薩等證歡喜地，無量眾生發阿耨多羅三藐三菩提心。

大乘本生心地觀經成佛品第十二

爾時，薄伽梵能善安住清淨法界，三世平等無始無終，不動凝然常無斷盡，大智光明普照世界，善巧方便變現神通，化十方土靡不周遍。是薄伽梵告文殊師利菩薩摩訶薩言：

瑜伽行者觀月輪已，應觀三種大祕密法，云何為三？一者心祕密，二者語祕密，三者身祕密。云何名為心祕密法？瑜伽行者觀滿月中出生金色五鈷金剛，光明煥然猶如鎔金，放於無數大白光明，以是觀察名心祕密。云何名為語言祕密？

唵　地室多　婆爾羅

此陀羅尼具大威力，一切菩薩成佛真跡，是故名為語言祕密。云何名為身祕密法？於道場中端身正念，手結引導無上菩提最第一印，安置胸臆心月輪中。

善男子！我當為汝說其印相，先以左右二大拇指，各入左右手掌之內，各以左右頭指、中指及第四指，堅握拇指作於手拳，即是堅牢金剛拳印；次不改拳舒左頭指，直豎虛空，以其左拳著於心上，右拳小指堅握左拳頭指一節，次以右拳頭指之頭，即指右左拳拇指一節，亦著心前。是名引導無上菩提第一智印，亦名能滅無明黑闇大光明印。以結此印加持力故，十方諸佛摩行者頂受大菩提勝決定記，是大毗盧遮那如來無量福聚大妙智印。

爾時，行者結此印已，即作此觀：「一切有情共結此印持念真言，十方世界無三惡道、八難苦果，同受第一清淨法樂。我今首上有大寶冠，其天冠中五佛如來結跏趺坐，我是毗盧遮那如來，圓滿具足三十二相、八十種好，放大光明照十方界，利益安樂一切眾生。」如是觀察名入毗盧遮那如來最勝三昧。

譬如有人悟迦盧羅微妙觀門，自作是觀：「我身即是金翅鳥王，心意、語言亦復如是。」以此觀力能消毒藥，一切惡毒不能為害。

凡夫行者亦復如是，作降伏坐身不動搖，手結智印密念真言，入此觀時能滅三毒，消除業障增長福智，世、出世願速得圓滿，八萬四千諸煩惱障不能現起，恒河沙等所知重障漸漸消滅，無漏大智能斷金剛般若波羅蜜現前圓滿，速得阿耨多羅三藐三菩提。

爾時，文殊師利菩薩白佛言：希有，世尊！希有，善逝！如來出世過優曇華，假使出世說是法難。如是心地三種祕密無上法輪，實能利樂一切眾生，入如來地及菩薩地真實正路，若有眾生不惜身命修行此法，速證菩提。

附錄三　守護國界主陀羅尼經（節錄）

爾時，一時法自在王菩薩摩訶薩白佛言：

世尊如是無數陀羅尼門，何等陀羅尼門能令菩薩總持諸佛所說妙法而不失壞？何等陀羅尼門，能令菩薩說此法時辯才無盡？何等陀羅尼門，能令菩薩說此法時一切眾生愛樂歡喜？

佛告一切法自在王菩薩言：

善男子！有八陀羅尼門，若受持者能令菩薩總持佛法，辯才無盡，眾生樂聞。

何等為八？所謂：大聲清淨自在王陀羅尼門，無盡寶篋陀羅尼門，無邊漩澓陀羅尼門，海印陀羅尼門，蓮華莊嚴陀羅尼門，能入無著陀羅尼門，漸漸深入四無礙智陀羅尼門，一切諸佛護持莊嚴陀羅尼門。

菩薩若能於此八種陀羅尼門受持修習，即能總持一切如來所說妙法，辯才無盡亦令眾生愛樂歡喜。

爾時，一切法自在王菩薩白佛言：世尊唯願如來哀愍我等，廣分別說如此八種陀羅尼門，菩薩得聞則能於此勤求趣入。

爾時，世尊告一切法自在王菩薩言：善哉，善哉！善男子！諦聽諦聽！善思念之，今當為汝廣分別說，令諸菩薩得入此門。

善男子！云何名為大聲清淨陀羅尼門？若有菩薩修習於此陀羅尼門，應以無著清淨妙念安住真實，心絕動搖，威儀凝靜，以決定心說微妙法，令一佛剎所有眾生，隨其類音，普聞其聲，悉解其義。

如是或二佛剎、或三佛剎、或十佛剎、或百佛剎、或千佛剎、二千百千及至十方無量無邊俱胝那由佗百千佛剎，其中眾生亦各隨類，普聞其聲，悉解其義。

善男子！若此菩薩於眾會中處師子座，其座量高一俱盧舍，以師子王威力所持眾寶嚴飾；如是或復半由旬量、一由旬量、千由旬量，或復量等須彌山王，或復其量高至梵天，隨諸眾生心之所樂，令其各見身座大小而為說法。

正說法時，十方諸佛悉現其前，為此菩薩演說妙法。

菩薩聞已，即能以此陀羅尼力，一時聽聞，總持不忘，深入義理，現證相應，身心怡暢，一一法中成一境性，一一字句聞無所聞；即於如是聽聞法時，而常演說無有障礙。

若諸菩薩深入如是一字聲門，一切諸法悉入此門，即從此門出生，演說一切諸法。且初第一說婀字門，出生無邊無數法門。所謂：

阿者一切法無來，以一切法體無來故；又阿字者，一切法無去，以一切法體無去故；又阿字者，一切法無行，體無行故；又阿字者，一切法無住，體無住故。

又阿字者，一切法無本性，體本清淨故；又阿字者，一切法無根本，體初未生故；又阿字者，一切法無終，體無初故；又阿字者，一切法無盡，體無去處故；又阿字者，一切法無生，體無行故；又阿字者，一切法無出，體無作者故。

又阿字者，一切法無求，體無相故；又阿字者，一切法無礙，體相涉入故。

又阿字者，一切法無滅，體無主宰故；又阿字者，一切法無行處，體無願故。又阿字者，一切法無生死，體離分別無分別故。

又阿字者，一切法無言說，體極聲入故；又阿字者，一切法不可說，體無聲故。

又阿字者，一切法無差別，體無處所故；又阿字者，一切法無分別，體清淨故；又阿字者，一切法無心意，體不可求故；又阿字者，一切法無高下，體本平等故。

又阿字者，一切法不可解，體如虛空故；又阿字者，一切法不可說，體過言道故；又阿字者，一切法無限量，體無處所故；又阿字者，一切法無生，體無生處故；又阿字者，一切法無本淨，體本無相故。

又阿字者，一切法無我，體即我性故；又阿字者，一切法無眾生，體本清淨故；又阿字者，一切法無壽者，體無命根故。

又阿字者，一切法無補特伽羅，體離所取故；又阿字者，一切法無本空，體性寂靜故；又阿字者，一切法無相，體性實無際故；又阿字者，一切法無和合，體性無生故；又阿字者，一切法無行，體本無為故；又阿字者，一切法無為，體過行無行故。

又阿字者，一切法不共，體無能解人故；又阿字者，一切法無聚會，體無積集故。又阿字者，一切法無出，體無出處故；又阿字者，一切法無本性，體本無身故；又阿字者，一切法無相，體相本淨故。

又阿字者，一切法無業，體無作者故；又阿字者，一切法無果，體無業道故；又阿字者，一切法無種植，體無種子故；又阿字者，一切法無界境，體不可取故；又阿字者，一切法無地界，體無諸結故。

又阿字者，一切法無縛，體本散滅故；又阿字者，一切法無聚散，體本無為故；又阿字者，一切法無漏，體惑不生故；又阿字者，一切法無自生，體初無生故；又阿字者，一切法無濁，體無有對故；又阿字者，一切法無對，體本無作故。

又阿字者，一切法無色，體無大種故；又阿字者，一切法無受，體無受者故；又阿字者，一切法無想，體過諸相故；又阿字者，一切法無行，體離有愛故；又阿字者，一切法無識，體無分別故；又阿字者，一切法無界，體空平等故。

又阿字者，一切法無入，體過境界門故；又阿字者，一切法無境界，體無去處故；又阿字者，一切法無欲，體離分別故；又阿字者，一切法無色，體無根本故；又阿字者，一切法無無色，體難思見故。

又阿字者，一切法無亂，體無可亂故；又阿字者，一切法不思議，體不可得故；又阿字者，一切法無意，體本無二故；又阿字者，一切法無不可執受，體過境界道故；又阿字者，一切法無阿賴邪，體無因緣故。

又阿字者，一切法無常，體本無因故；又阿字者，一切法無斷，體不礙因故；又阿字者，一切法無名，體無相貌故；又阿字者，一切法無離，體不相入故；又阿字者，一切法無往，體無住處故。

又阿字者，一切法無熱惱，體無煩惱故；又阿字者，一切法無憂惱，體無惡業故；又阿字者，一切法無習氣，體本無垢故；又阿字者，一切法無垢，體本清淨故；又阿字者，一切法無本清淨，體無形質故。

又阿字者，一切法無體，體無依止故；又阿字者，一切法無依止，體無動作故；又阿字者，一切法無動，體離執著故。

又阿字者，一切法無障礙，體同虛空故；又阿字者，一切法同虛空，體無分別故；又阿字者，一切法無色相，體無境界因故；

又阿字者，一切法無顯示，體皆相似故；又阿字者，一切法無相似，體無境界故；又阿字者，一切法無境界，體如虛空常平等故；又阿字者，一切法無闇，體無明故；又阿字者，一切法無明，體無對故。

又阿字者，一切法無過，體妙善故；又阿字者，一切法無是，體無妄故；又阿字者，一切法無開解，體無動故。

又阿字者，一切法無見，體無色故；又阿字者，一切法無聞，體無聲故；又阿字者，一切法無嗅，體無香故；又阿字者，一切法無嘗，體無味故；又阿字者，一切法無觸，體無所觸故；又阿字者，一切法無知，體本無法故。

又阿字者，一切法無念，體離心意識故；又阿字者，一切法不思議，體性菩提平等平等無高下故；又阿字者，一切法寂靜，體本不生亦不滅故。

善男子！菩薩如是得此大聲清淨陀羅尼門，入第一阿字時，演說諸法；或經一年，或復十年、百年、千年，或百千年，或一小劫，或一大劫，乃至無量無數大劫，說此法時，不離阿字。如說阿字，義無有盡；說餘諸字，亦復如是，不可窮盡。如是建立開示法眼，其義深遠，其語巧妙，具足清白。

又善男子！菩薩住此陀羅尼故，得身清淨，威儀寂靜故；得語清淨，辯才無礙故；得意清淨，慈悲觀察故。

得施清淨，財法無悋隨喜他施故；得戒清淨，無破無穿無缺漏故；得忍清淨，無怨無對無障礙故；得勤清淨，於妙事業無退轉故。

得禪清淨，無著無慢亦無味故；得慧清淨，開智慧眼決癡膜故；得業清淨，普修一切勝善業故。

得眼清淨，天眼遠見一切色故；得耳清淨，天耳遠聞諸佛法故；得鼻清淨，普嗅如來淨戒香故；得舌清淨，獲得隨心清淨味故；得身清淨，雖現處胎胎不染故；得意清淨，善能分別微細法故。

得色清淨，所有色相妙莊嚴故；得聲清淨，所聞皆是順法聲故；得香清淨，施戒聞香之所熏故；得味清淨，獲大丈夫上味相故；得觸清淨，身手所觸妙柔軟故；得法清淨，所知皆獲法明門故。

得念清淨，所聞憶持無疑忘故；得心清淨，超越一切魔境界故；得行清淨，出過所解甚深法故。

善男子！菩薩得此最勝不共大聲清淨陀羅尼故，大聲普遍十方世界，光明普照，為彼一切世界眾生，分別演說一切如來所說妙法，令彼一切法眼開明。

善男子！我今略說此大聲清淨陀羅尼門，初入次第一門之中少分之德；若廣說者，復有無數無量無邊不可說義。如說於此一阿字門無量無邊不可窮盡，餘一一字亦復如是；皆以無著智慧之門漸漸修入。

復次，善男子！云何名為無盡寶篋陀羅尼門？善男子！謂一字中說一切法皆無窮盡。何等一切法無有窮盡？所謂：

說色無盡故，如是說色無常無盡故，說色是苦無盡故，說色無我無盡故，說色寂滅無盡故，說色寂靜無盡故，說色如聚沫無盡故。

說色如幻無盡故，說色如焰然盡故。說色如水中月無盡故，說色如夢無盡故，說色如響無盡故，說色如鏡中像無盡故。

說色無本性無盡故，說色無本無無盡故，說色無緣會無盡故；說色空門無盡故。說色無相無盡故，說色無願無盡故，說色無行無盡故。

說色生法無盡故，說色無生無盡故；說色前際無盡故，說色中際無盡故，說色後際無盡故；說色寂滅無盡故，說色親近寂靜無盡故。

說色無心行處無盡故，說色無言語道無盡故，說色不可思議無盡故，說色不可度量無盡故。

說色無我無盡故，說色無眾生無盡故，說色無壽者無盡故，說色無養育者無盡故，說色無補特伽羅無盡故。

說色無知無盡故，說色無造作無盡故，說色如草木瓦礫石壁無盡故，說色無求得無盡故，說色大種所生無盡故，說色無聲無盡故，說色無表無盡故，說色不可說無盡故，說色本味清淨無盡故，說色從因緣生無盡故，說色無斷無盡故，說色無聲無盡故，說色無造者無盡故，說色無受者無盡故，說色無業果無盡故，說色法界平等無盡故。

說色住真如無盡故，說色住實際無盡故，說色無我所無盡故，說色無主宰無盡故，說色無執受無盡故，說色不可思無盡故。

說色不可稱無盡故，說色不可量無盡故，說色無有邊無盡故，說色即菩提性無盡故，說色如空平等無盡故，說色即涅槃性無盡故。

如是廣說界處等法名句文身一切佛法，皆悉入於此一字聲智慧之門；如以四大同一身篋，此亦如是，一字聲聞包攝出生無盡智寶甚深法門，是名為無盡寶篋。我上略說此一門中少分之義，如地一塵；若廣說者，無量無邊阿僧祇劫不可窮盡。

復次，善男子！云何名為無邊旋澓陀羅尼門？

善男子！所言邊者，謂斷及常。十二因緣，謂：無明緣行，行緣識，識緣名色，名色緣六入，六入緣觸，觸緣受，受緣愛，愛緣取，取緣有，有緣生，生緣老死憂悲苦惱。

言無邊者，即祕密界無斷常等趣入甚深，名為旋澓，是故名為無邊旋澓陀羅尼門。

又復邊者，說名取捨，所言旋者說不取捨故；又復邊者，說有生滅，旋者說無生滅故。

又復邊者煩惱生死，旋者本性清淨故；邊者有相無相，旋者都無所行故；邊者麁細思惟，旋者無尋無伺故；邊者因及諸見，旋者智了因見故；邊者謂名及色，旋者無有表示故；邊者有為無為，旋者三輪清淨故。

邊者說內及外，旋者識體無住故；邊者謂業及果，旋者無業果體故；邊者善及不善，旋者無有行體故；邊者過及無過，旋者體無有二故。

邊者謂業煩惱，旋者體性光明故；邊者我及無我，旋者體性清淨故；邊者生死涅槃，旋者諸法本性即涅槃故。

善男子！如是略說，若廣說者，說邊有無量門，說旋亦無量門；若諸菩薩住此旋澓陀羅尼門，隨順無邊一切深法，智無窮盡，或字或義亦無窮盡，漸次趣入無邊旋澓陀羅尼門；以能隨順智光明故，隨順覺性本清淨故，開智慧明決癡膜故，隨順解脫覺體性故。

密乘寶海12

《月輪觀・阿字觀—密教觀想法的重要基礎》

作　　者　洪啟嵩
執行編輯　吳霈媜、莊慕嫺
校　　對　詹育涵
插　　畫　明星
封面畫作　洪啟嵩
封面設計　張士勇工作室
出　　版　全佛文化事業有限公司
訂購專線：(02)2913-2199
傳真專線：(02)2913-3693
發行專線：(02)2219-0898
匯款帳號：3199717004240 合作金庫銀行大坪林分行
戶　　名：全佛文化事業有限公司
http://www.buddhall.com
全佛門市：覺性會館・心茶堂／新北市新店區民權路88之3號8樓
門市專線：(02)2219-8189

行銷代理　紅螞蟻圖書有限公司
台北市內湖區舊宗路二段121巷19號（紅螞蟻資訊大樓）
電話：(02)2795-3656　傳真：(02)2795-4100

初　　版　二〇〇九年三月
初版三刷　二〇一二年四月
定　　價　新台幣三五〇元
ＩＳＢＮ　978-986-6936-38-8(平裝)

國家圖書館出版品預行編目資料

月輪觀・阿字觀：密教觀想法的重要基礎/
洪啟嵩作.-- 初版. --
臺北市：全佛文化, 2009.03
面；　公分. -- (密乘寶海；12)
ISBN 978-986-6936-38-8(平裝)

1.密宗　2.佛教修持
226.916　　98004079

Buddhall

Published by BuddhAll Cultural Enterprise Co.,Ltd.

BuddhAll

BuddhAll.